Nos ordinateurs sont très cons !

Cyprien Cini

Nos ordinateurs sont très cons !

Albin Michel

Introduction

Attention ce livre révèle un secret. Alerte générale ! En le lisant vous vous engagez à ne plus jamais regarder votre vie quotidienne de la même façon. Car, inutile de le nier, impossible de vous planquer : vous aussi vous êtes un pur produit de la révolution technologique. Avec votre smartphone vous payez vos impôts, faites vos démarches administratives, bancaires, discutez, draguez, choisissez vos restos, vos médecins, lisez la presse, vous informez, payez votre stationnement, vos courses, réservez vos taxis, vos billets de train, d'avion, choisissez votre voiture, vos itinéraires, votre alimentation, comparez, scrutez, observez, espionnez... VOUS VIVEZ !

Nous ne l'avons pas forcément choisi, mais aujourd'hui nous sommes tous des produits dérivés d'Apple et de Microsoft... Le matin, avant de regarder la personne qui partage notre lit, nous regardons l'écran de notre smartphone. Nos vies sont régies par les ordinateurs, nous sommes liés à eux pour le meilleur et pour le pire et, nous le verrons plus tard, même la mort ne peut nous séparer. N'ayons donc pas peur de le dire, nous sommes mariés pour l'éternité avec des abrutis ! Oui, car sous leurs airs sophistiqués, ils ne sont en réalité pas bien malins.

Comment ça ? On ne vous l'avait pas dit ?

Ah oui, c'est vrai que celui ou celle qui vous a vendu le smartphone que vous avez dans la poche ou l'ordinateur qui trône fièrement sur votre bureau a dû vous vanter sa puissance, sa mémoire, son nombre de gigaoctets, mais il a oublié de vous dire l'essentiel. Et pour cause, c'est certainement le secret le mieux gardé du XXIe siècle, cette machine dernier cri que vous utilisez tous les jours est en fait bête comme chou. Le temps est venu d'ouvrir les yeux, de relever la tête de vos écrans, car oui, je vous le dis, au nom d'Apple, Samsung, Microsoft et tous les autres, je vous le dis, mes frères : LES ORDINATEURS SONT DES CONS. Certes, des cons utiles, mais de vrais cons quand même.

Pire, la stupidité étant communicative, elle a tendance à déteindre sur nous et à nous pousser à agir aussi comme des imbéciles. Mais la boucle n'est pas bouclée pour autant. Ne soyons pas dupes, les amis, car maintenant que vous êtes dans la confidence, vous êtes mes amis... Ne soyons pas dupes, les amis : en mettant cette connerie à notre service nous avons les moyens, nous humains, de reprendre le dessus.

Je m'appelle Cyprien, j'ai 38 ans, j'ai connu les téléphones filaires à cadran rotatif et je vous emmène dans le monde merveilleux de la cyberconnerie.

1

C'est très con, un ordinateur

Tout a commencé un matin alors que je scrollais mon fil Insta, quand un post m'a interpellé… ce qui en langage normal signifie qu'entre deux photos de filles en maillot de bain, comme je faisais défiler les dernières publications du réseau social Instagram sur l'écran de mon téléphone, une image a attiré mon attention. Éva, une copine, venait de poster, pardon, de publier, un schéma avec des chiffres montrant tout ce qui se passe sur Internet en une minute. Oui, une seule petite minute – soixante secondes. C'est rien, une minute, et pourtant plus de 156 millions de mails sont envoyés, plus de 3,8 millions de requêtes sont faites sur Google, 243 000 photos sont téléchargées sur Facebook, et ça ne s'arrête jamais, chaque minute… même pendant que vous dormez (source Statista dans son édition 2018 du

Digital Economy Compass). Effrayant, effarant, il est temps de reprendre le dessus.

Vous êtes peut-être déjà entré dans un Apple Store, ces grandes boutiques de la marque à la pomme. C'est spacieux, aéré, blanc, on ne sait plus trop si l'on est dans un spa ou dans un magasin. Sur de grandes tables sont étalées de rutilantes machines au design épuré. Elles coûtent très cher et sont censées condenser le meilleur du meilleur de la technologie moderne. Le fin du fin du XXIe siècle triomphant.

D'ailleurs, à chaque présentation d'un nouvel ordinateur, d'une nouvelle trouvaille numérique, lors de grands-messes pour geeks exaltés – les fameuses keynotes, qui sont en fait des conférences de presse de présentation de nouveaux produits –, Apple nous promet l'objet qui changera nos vies. À coups d'*amazing* et de *fantastic* qui reviennent tous les deux mots, la firme californienne sacralise l'objet à tel point qu'on en oublie de se demander ce qu'il y a à l'intérieur.

Mais oui, c'est quoi, en fait, un ordinateur ?

Eh bien, pour le savoir, il a déjà fallu que je m'en fasse prêter un. Oui, car j'ai oublié de vous le préciser : je n'ai pas d'ordinateur chez moi. Le combo tablette et smartphone suffisait largement au bonheur numérique familial, mais finalement l'objet du scandale est entré dans la bergerie.

Une fois équipé, c'est de façon toute mécanique que dans le moteur de recherche Google, j'ai tapé le mot… attention suspense… « ordinateur »… Et là, face à environ 279 millions de résultats qui sont sortis en quatre dixièmes de seconde, je ne me suis pas senti beaucoup plus avancé jusqu'au moment où je suis tombé sur un article de vulgarisation censé expliquer le mode de fonctionnement d'un ordinateur [1].

Alors, pour faire simple, l'article explique qu'un ordinateur procède selon une suite de 0 et de 1… C'est un simple objet qui exécute bêtement des tâches qu'on lui impose en suivant une logique binaire. Il reproduit des opérations avec des 0 et des 1 à l'infini. Ça marche ou ça ne marche pas, c'est oui ou non, c'est vrai ou faux. C'est soit 0, soit 1, et il continue son opération. C'est basique. Pas de place pour le 0,5 ; pas de demi-mesure, pas de nuance. Quand vous appuyez sur la touche « entrée » et que la tâche ne s'exécute pas, vous pouvez appuyer quarante fois dessus, plus ou

1. https://www.futura-sciences.com/tech/questions-reponses/informatique-fonctionne-ordinateur-1614/

moins vite, plus ou moins fort, ça n'y changera rien. On ne négocie pas avec un ordinateur. Il n'y a rien à gratter. Incapable d'empathie, l'ordi. Encore plus fermé qu'un agent du fisc en plein contrôle. Et le pire, c'est pas qu'il ne veut pas négocier, c'est juste qu'il ne peut pas. Il n'en a pas les moyens ni la capacité. Il ne sait pas le faire.

Vous l'aurez compris comme moi, le constat coule de source, le postulat de départ est inévitable : niveau intelligence, l'ordinateur est très largement surcoté et cette évidence allait même devenir scientifique puisque validée par l'un des plus grands informaticiens français. Eh oui, vous ne l'aviez pas vue venir celle-là, hein ?

Il s'appelle Gérard Berry[1], un CV long comme le bras, diplômé de Polytechnique, professeur au Collège de France, médaille d'or du CNRS en 2014. C'est rarissime qu'un informaticien obtienne la plus grande distinction scientifique française. Eh bien, même lui le disait dans une interview à *L'Obs* en 2016 : « L'ordinateur et

1. https://www.nouvelobs.com/rue89/rue89-le-grand-entretien/20160826.RUE7684/gerard-berry-l-ordinateur-est-completement-con.html.

l'homme sont les deux opposés les plus intégraux qui existent. L'homme est lent, peu rigoureux et très intuitif. L'ordinateur est super-rapide, très rigoureux et complètement con. » Et le saint homme d'expliquer : « Quand j'enseignais à des petits, je leur donnais comme consigne : essayez d'être aussi bête qu'un ordinateur. » Les enfants me répondaient : « C'est trop difficile. »

C'est dire !

En fait, si cette machine pas très futée nous rend dingos, si nous en sommes gagas, ça n'a rien à voir avec elle. C'est à cause de celui qui la nourrit… Car avec ces suites de 0 et de 1, il y a des milliards de combinaisons possibles ; elles sont inventées, imaginées, elles, par des gens très intelligents, qui avec l'ordinateur ont trouvé un exécutant bête et méchant. Un exécutant bigrement efficace qui sans réfléchir calcule plus vite qu'aucun être humain ne pourra jamais le faire. Une sorte de boulier ultrarapide. Et comme avec le boulier il y a trois mille ans, tout repose sur l'Homme.

Cet Homme, c'est le programmateur ou développeur. Vous noterez la majuscule à Homme pour signifier qu'on parle ici de l'être humain au sens large, homme et femme confondus, car même si le milieu de l'informatique reste majoritairement masculin au grand dam de ceux qui y travaillent, il y a aussi des filles qui créent des programmes. Bref, c'est lui qui a le pouvoir. C'est lui qui imagine, qui crée. C'est du cerveau fécond d'un développeur que sont sortis les applications et les outils que vous utilisez tous les jours, Facebook, Google, Twitter, les systèmes d'exploitation de Microsoft… D'ailleurs, le développeur sait que la capacité de réflexion de l'ordinateur est nulle. Il sait que, lorsqu'il entre ses suites de 0 et de 1, la moindre erreur, ne serait-ce qu'un espace en trop ou en moins, sera fatale. L'ordinateur effectuera et répétera l'erreur à l'infini tant qu'on ne lui dira pas d'arrêter. C'est le fameux bug… Et l'ordinateur n'a aucune conscience du bug, c'est un concept qui lui est totalement étranger. Il est incapable de le réparer tout seul. Il peut reproduire des milliards d'opérations à la vitesse de l'éclair mais, si vous lui dites que 0+0 = 1, il effectuera tout suivant ce modèle. C'est au développeur de corriger. Lui est intelligent, pas la machine.

Un développeur tellement intelligent que, visiblement, il s'en méfie même, de la machine. Ce n'est plus un secret, de nombreuses figures emblématiques de la Silicon Valley, si promptes à nous vanter les mérites de leurs produits, sont aussi les premières à en limiter l'usage à leurs enfants. Steve Jobs, créateur et patron d'Apple jusqu'à sa mort en 2012, révélait dans une interview en 2011 au *New York Times* qu'il interdisait à ses enfants d'utiliser le nouvel iPad qu'il venait lui-même de créer ! Quant aux enfants de Bill Gates, grand manitou de Microsoft, ils ont dû attendre l'âge de 14 ans pour avoir leur premier téléphone portable (la moyenne aujourd'hui est de 10 ans) et chez les Gates l'utilisation de l'ordinateur était largement contrôlée et limitée.

Ironique, n'est-ce pas ?

D'ailleurs, si vous êtes l'heureux propriétaire d'un iPhone, vous aurez certainement constaté que, depuis janvier 2019, dans vos réglages est apparue une nouvelle icône intitulée « temps d'écran ». Cette application est là pour vous faire prendre conscience du temps que vous passez à regarder l'écran de votre smartphone. Si vous décidez de l'activer, vous vivrez une expérience merveilleuse. Tous les dimanches apparaîtra une notification vous signalant que vous regardez trop votre écran. Notification que vous lirez, CQFD, en regardant… votre écran. Kafkaïen.

2

Quand l'administration s'en mêle… fatal error…

Mme Drahi – oui, pour des raisons de confidentialité, nous l'appellerons au hasard ainsi – a décidé de se simplifier la vie grâce au numérique. Cette salariée a donc choisi de passer par la case « ordinateur » pour faire valoir ses points pénibilité. Après tout, les ordinateurs sont là pour nous faciliter la vie. Il paraît que l'on passe quand même 1h50 chaque mois à gérer nos tâches administratives ; si ça fait gagner du temps, Mme Drahi aurait tort de s'en priver. La voilà donc sur son ordinateur, connectée au logiciel en ligne d'utilisation des points retraite. Elle remplit les cases, répond aux questions rapidement et finit par valider ses choix en appuyant sur la touche « entrée ». Et là, c'est la FATAL ERROR !!!! L'Erreur fatale. Car, quasi dans la seconde, elle se rend compte qu'elle a fait une fausse manip. C'est à ce moment-là de l'histoire que Mme Drahi va prendre conscience que, si l'erreur est humaine, elle n'est pas acceptable par l'ordinateur. Ni une ni deux, n'arrivant pas à faire comprendre à sa machine, pourtant de bonne facture, qu'elle s'est trompée, elle décide de s'adresser à un humain. Elle prend immédiatement contact avec l'organisme de gestion pour rectifier sa saisie. Mais là, on lui explique que, *grosso modo*, pour faire comprendre au système informatique qu'elle s'était trompée, cela revient à gravir l'Everest en tongs et en short… En fait, l'organisme lui avoue que la demande d'utilisation des points réalisée en ligne est… attention… irréversible. Oui, IRRÉVERSIBLE !

Il a donc fallu, tenez-vous bien, que Mme Drahi en appelle au Défenseur des droits. D'abord, ce n'est pas forcément un réflexe. Le Défenseur des droits, Jacques Toubon, a dû saisir à son tour l'organisme de retraite qui lui-même s'est ensuite rapproché de son ministère de tutelle qui a finalement fait le nécessaire pour que la demande de rectification soit réexaminée. Pas corrigée, non juste réexaminée ! Tout ça pour avoir appuyé sur « entrée » trop vite… En termes de gain de temps, on a connu plus efficace.

En fait, avant d'appuyer sur « entrée », respirez un grand coup. Vérifiez tout deux fois, voire trois, car ce geste est peut-être beaucoup moins anodin qu'il n'y paraît ! Ce sympathique conseil vaut aussi pour les mails ou les textos. Ça vous est d'ailleurs déjà certainement arrivé : vous rédigez un message, vous appuyez sur « envoi ». Le message part dans les limbes du numérique mais immédiatement, vous vous apercevez que votre doigt et votre cerveau n'étaient pas en phase. Oui, c'est trop tard ! Le message est parti chez le mauvais destinataire. Le « À ce soir je t'aime » destiné à l'être cher est parti vers le portable de votre patron. Vous le savez, vous vous en êtes aperçue, mais il n'y a pas de retour possible. Le numérique parfois, c'est un peu comme à Koh-Lanta, sa sentence est irrévocable !

D'ailleurs, complètement aveuglée par la pseudo-puissance de l'ordinateur, le considérant comme un allié majeur dans son fameux « choc de simplification », l'administration lui a confié, volontairement, un pouvoir quasi divin, voire assez délirant en fait.

Vous payez certainement des impôts via le fameux site impots.gouv.fr. Vous avez donc constaté que, pour vous connecter à votre compte fiscal, il faut entrer votre adresse e-mail. Mais alors, imaginez une seconde que vous changiez d'adresse de messagerie, que votre ancienne adresse soit effacée parce que vous avez changé de fournisseur d'accès Internet par exemple et que votre ancien mail était lié à cet abonnement, vous faites comment pour payer vos impôts ? Comment vous expliquez ça à votre ordinateur, au logiciel, au site impots.gouv.fr ? Car votre vieille adresse e-mail, une fois qu'elle a été effacée par votre ancien fournisseur d'accès, ne reviendra plus. FATAL ERROR. Et ce n'est pas de la science-fiction. Que nenni…

C'est dans le rapport annuel du Défenseur des droits, devenu une sorte de bureau des plaintes des âmes damnées de l'ordinateur, que l'on retrouve l'histoire de ce pauvre retraité. Lui, nous l'appellerons M. Niel. Eh bien, M. Niel a changé de fournisseur d'accès à Internet. Imaginons qu'il a résilié son abonnement chez Orange pour passer chez Free parce que, comme le dit la pub, il a tout compris. Son adresse mail monsieurNiel@orange.fr disparaît en même temps que son abonnement et est remplacée par monsieurNiel@free.fr. Mais quand il décide de se connecter au site des impôts pour faire sa déclaration de revenus en ligne, ça ne marche plus. Eh oui, son adresse n'existe plus et la nouvelle n'est pas renseignée.

Game over… Pas résigné, M. Niel se dit qu'il va indiquer sa nouvelle adresse aux services fiscaux, mais pour ça il faut qu'il accède à son compte personnel et, comme pour accéder à son compte personnel, il a besoin d'une adresse mail… Vous avez compris… Là encore il a fallu régler le problème via ce sympathique Défenseur des droits, une institution dont l'objet de départ est d'aider le citoyen face à l'administration et qui n'a visiblement jamais eu autant de dossiers de ce type à gérer que depuis qu'on a décidé de simplifier l'administration !

Faut dire que parfois c'est elle qui donne le bâton pour se faire battre. Une date clef : le 6 novembre 2017. Vous ne vous souvenez peut-être pas de ce que vous faisiez le 6 novembre 2017 ; pourtant, ce jour-là, les préfectures devaient entrer dans un nouveau millénaire. Une révolution. Les cartes grises et les passeports seraient délivrés par correspondance après une simple demande sur Internet. Les guichets étaient fermés pour de bon, remplacés par des procédures dématérialisées ouvertes « 24 heures sur 24, 7 jours sur 7 », via les sites du ministère de l'Intérieur et de l'Agence nationale des titres sécurisés. Le pied ! Terminées les queues interminables, les rendez-vous improbables à des heures pas possibles… À nous la belle vie, sans souci, sans problème. Sauf qu'entre les bugs informatiques et les serveurs surchargés par les demandes, le système a explosé en vingt-quatre heures ! L'administration avait pourtant tout préparé, mais avait testé le dispositif dans une vingtaine de départements seulement, avec un nombre de dossiers réduit. Forcément, la machine n'a pas supporté la surcharge de demandes, et faute de guichets, les demandeurs de carte grise ont eu, face à ce bug géant, la joie de se frotter à leur seul interlocuteur possible : une machine refusant coûte que coûte de prendre en compte la moindre demande, de quoi nous faire regretter jusqu'au plus désagréable des fonctionnaires attendant sa pause de midi derrière son guichet. C'est d'ailleurs à lui qu'on a fini par faire appel ! En attendant de moderniser et de viabiliser le système pour de bon, le bon vieux dossier papier a été remis en service avec le rappel du personnel capable de le traiter. En mars 2018, quatre mois plus tard, plus de 300 000 dossiers étaient encore bloqués. Début 2019, le service a enfin été désengorgé pour les professionnels grâce à l'ouverture d'une plateforme qui leur a été réservée. En revanche, pour l'automobiliste lambda comme vous et moi, le système n'arrive pas toujours à répondre aux demandes dans les temps. Le logiciel reste lent et plante souvent, à tel point qu'il est parfois nécessaire, alors que vous êtes presque à la fin de la démarche, que vous apercevez enfin la lumière au bout du tunnel, de devoir vous reconnecter et tout recommencer !

La dématérialisation du système de délivrance des cartes grises reste à ce jour l'un des exemples les plus fantastiques de dématérialisation ratée dans l'administration française. On nous avait promis de gagner du temps, on en a perdu. On nous avait promis des économies mais, entre les professionnels au business bloqué par les cartes grises perdues sur la Toile, les informaticiens appelés à la rescousse pour réparer, et les fonctionnaires et intérimaires dépêchés en catastrophe pour tenter de rattraper le temps perdu, faire des cartes grises n'a jamais coûté aussi cher !

Un fiasco, symbole d'une fascination sans borne pour le numérique, d'un désir tellement fort de passer au tout-informatique qu'il fait perdre à ceux qui nous gouvernent toute mesure et tout sens de la réflexion sur le sujet. Il faut bien reconnaître que, sur le papier, la dématérialisation c'est magique. Plus de paperasse, un temps de travail et des coûts optimisés… Quand ça marche, c'est fabuleux. Vous avez peut-être eu la chance d'en faire l'expérience en vous disant : « Qu'est-ce que c'est pratique quand même de pouvoir payer ses impôts en un clic ! » C'est vrai, mais ça se prépare. Ça ne se fait pas d'un claquement de doigts. En fait, l'exemple des cartes grises est révélateur d'une précipitation qui parfois transforme le virage du numérique en mirage du numérique.

3

L'enfer des zones blanches

Bienvenue dans un monde que l'on ne voit pas, un monde que l'on ignore. Et pour cause, il n'a pas Internet ! Difficile de se faire connaître et surtout de se faire entendre à l'ère du tout-numérique quand on n'a pas accès à Internet ! 20 à 25 % du territoire français en est privé. Alors évidemment, ça peut avoir un certain charme quand, perdu quelques jours en plein centre de la Creuse ou du Lot, vous vous délectez du calme environnant et de la douceur de vivre… Si vous habitez dans les grandes métropoles, vous avez forcément déjà entendu, voire prononcé vous-même des phrases du genre : « C'est extraordinaire, ce petit village, on y est vraiment tranquille, pas d'Internet, pas de téléphone, les vraies vacances ! » Ou encore le classique : « C'est complètement coupé du monde, qu'est-ce que c'est agréable ! »

Si vous avez passé quelques jours dans ces zones blanches, vous avez même peut-être trouvé « amusant » de prendre votre voiture une ou deux fois par jour pour vous rendre sur la colline la plus proche. Une fois arrivé au point culminant, vous êtes sorti de la voiture. Téléphone à la main, vous avez agité le bras. Pas pour appeler au secours, non, mais bien pour jouer le rôle d'antenne humaine et essayer de gagner une barre de réseau mobile et au moins pouvoir consulter votre messagerie. C'est vrai qu'une fois de temps en temps ça peut être drôle, mais quand c'est l'artisan, le plombier, le charpentier, qui doit le faire plusieurs fois par jour pour prendre connaissance de ses commandes, c'est beaucoup moins marrant.

Pourtant, les opérateurs adorent vanter la qualité de leur couverture réseau. Orange publie régulièrement des communiqués triomphants expliquant que l'Arcep (le régulateur des télécoms) l'a élu meilleur réseau de France[1] : c'est arrivé huit fois de suite depuis 2010… Dans le même temps, et selon la même étude de l'Arcep,

1. https://reseaux.orange.fr/mobile/reseau-mobile-numero-1-arcep.

le concurrent d'Orange, Bouygues, arrive lui en tête dans les zones rurales. En fait à part Free qui ne dit rien sur le sujet parce qu'il est vraiment à la traîne, c'est comme à L'École des fans, tout le monde a gagné. N'empêche que pour environ 500 000 personnes, selon une enquête de l'UFC-Que choisir[1], la zone blanche est une réalité. Et pour ces 500 000-là, la vie sans réseau peut vite devenir une version moderne de *L'Enfer* de Dante. Car pour ces 500 000-là, c'est du zéro Internet. Au dernier pointage réalisé en mars 2019, ce sont près de 6,8 millions de personnes (10,1 % de la population) qui sont privées d'un accès de qualité minimale à Internet, c'est-à-dire plus de 3 Mbits par seconde.

Prenez par exemple ce chômeur radié de Pôle emploi parce qu'il ne s'est pas présenté à temps à deux rendez-vous. A priori, la règle s'est appliquée, deux absences à des rendez-vous égalent radiation. C'est comme ça. Sauf que le monsieur n'a jamais pu prendre connaissance de ces rendez-vous en temps et en heure. Eh oui, il habite en

---

1. https://www.liberation.fr/france/2019/01/17/le-defenseur-des-droits-et-des-ecrivains-publics-alertent-sur-la-dematerialisation-des-services-publ_1703566.

zone blanche, c'est ballot quand même ! Que ce soit par SMS ou par e-mail, les rendez-vous se sont perdus dans les méandres du numérique avant d'apparaître comme par magie le jour où il s'est déplacé à plusieurs kilomètres de chez lui, là où une antenne relais a pu lui passer le message. Une situation tellement ubuesque que Pôle emploi a quand même fini par entendre les arguments de ce monsieur et le réintégrer.

Mais sans doute pire que la zone blanche, c'est la zone grise. Celle-là, vous ne la connaissez peut-être pas… Elle est plus sournoise, plus fourbe, car c'est une zone blanche qui ne dit pas son nom. C'est une zone où il y a du réseau. Un peu. En zone grise, parfois vous regardez en haut à gauche de l'écran de votre smartphone et vous jubilez. Des barres de réseaux, de la 3G, voire parfois de la 4G. C'est Byzance ! Sauf que c'est un leurre. Car, certes, il y a du réseau, mais il n'est pas stable. Il est là, puis il disparaît sans même que vous ayez bougé. Il y en a dans la cuisine, mais pas dans le salon. Il peut aussi dépendre de la météo. Vent d'est vous avez Internet, vent d'ouest vous ne pouvez pas envoyer d'e-mail. Vous imaginez : « Désolé, j'avais pas vu ton message, il y avait des nuages ce matin » ; ou « Je vous fais un devis et je vous l'envoie dès qu'il fera beau temps ! ». Pratique, la zone grise !

Mais le plus ballot en zone grise, c'est pour les pièces jointes. Vous savez, quand vous devez joindre des justificatifs, pour l'administration par exemple. Sur le site on peut vous demander de télécharger une copie de votre passeport. Eh bien, comme le débit Internet est insuffisant, le réseau pas assez puissant, le site met trop de temps à télécharger la pièce jointe et la connexion s'interrompt. Il faut donc recommencer et attendre que le vent souffle dans la bonne direction, ou qu'il fasse beau !

Après, n'allez pas croire que, parce que vous avez une bonne connexion, vous allez vous en sortir ! Prenez ce demandeur de certificat d'immatriculation. Heureux de profiter du « choc de simplification », il s'est jeté sur son ordinateur pour demander sa carte grise au plus vite, mais il n'a jamais pu transmettre ses justificatifs. Pas à cause de la qualité de sa connexion, non, juste parce que le site est inadapté ! Oui, la quantité, le poids des pièces jointes est limité à un volume de 1 Mo (méga-octet) alors que ses documents en faisaient 1,2. Comme dans la fameuse scène du *Père Noël est une ordure* : « Ça dépend, ça dépasse ! » Sauf que là, il n'y a personne d'humain en face avec qui s'expliquer et c'est pas l'ordinateur qui fera l'effort de s'adapter.

Allez comprendre !

Mais pas de panique, la zone blanche ne sera bientôt plus qu'un mauvais souvenir. En janvier 2018, celui qui était à l'époque secrétaire d'État auprès du ministre de la Cohésion des territoires, Julien Denormandie, assurait, dans une interview au *Journal du dimanche*[1] que les quatre opérateurs téléphoniques allaient investir plus de trois milliards d'euros dans le but d'éliminer les « zones blanches ». Le jeune ministre y promet aussi que d'ici la fin de l'année 2020 : « Il n'y aura plus de zones blanches, où des Français vivent sans avoir accès à une téléphonie de qualité » sans oublier d'ajouter : « Nous allons faire en trois ans ce que nous avons fait jusqu'ici en quinze ans, pour déployer la téléphonie mobile, d'ici à 2020, plus de 10 000 communes qui sont aujourd'hui en 2G ou 3G passeront à la 4G. » Formidable !

Bon, juste pour mémoire, en mars 2015, Manuel Valls s'était engagé à supprimer les zones

1. *JDD* du 14 janvier 2018.

blanches avant fin 2016! L'ancien monde sans doute...

Quand vous vivez en zone blanche ou en zone grise, c'est la double peine. Non seulement vous ne pouvez pas payer vos impôts ou travailler en ligne, certes, mais surtout vous êtes exclu de la vie moderne. D'un accessoire devenu essentiel. Partager des photos avec sa famille sur Facebook, prendre des nouvelles de ses cousins sur WhatsApp, garder le contact avec ses amis via les réseaux sociaux, vendre sa vieille cuisinière sur Le Bon Coin... autant de gestes du quotidien qui maintiennent le lien social et dont les zones blanches sont privées. Déconnexion = désocialisation.

Les médias et les géants du Web passent leur temps à nous expliquer que les nouvelles technologies relient les gens, « Connecting People » disait le slogan de Nokia. Autant d'affirmations qui dans le contexte de non-connexion ont finalement tendance à décupler le sentiment d'isolement des laissés-pour-compte du numérique. Et puis surtout, sans réseau, vous êtes privé, exclu d'un univers fantastique qui a révolutionné pour un bon moment les rapports humains.

4

Mon copain Tinder

Eh oui, on y vient. Du 3615 Ulla à YouPorn, du Minitel à Internet, le sexe est un véritable moteur de la révolution technologique. L'industrie du porno, via le streaming, a d'ailleurs eu des années lumière d'avance sur celle de la musique concernant la vente de ses contenus en ligne. Et aujourd'hui le thé dansant et les agences matrimoniales s'appellent Tinder, Meetic ou AdoptUnMec. Avec des millions d'utilisateurs, les possibilités de rencontres sont surmultipliées, on est passé à l'échelle industrielle du rencard. Sorte de « supermarché du cul », pour reprendre les termes d'un utilisateur compulsif, ces sites de rencontres ont profondément révolutionné les rapports amoureux. Fabienne Égal et Evelyne Leclercq sur leur manège qui tourne ont été remplacées par un ordinateur ou un smartphone avec accès à Internet.

J'ai d'ailleurs un ami – dans les histoires gênantes on commence toujours par dire que c'est un ami, mais là c'est vrai ! – j'ai donc un ami qui s'est inscrit sur Tinder. Si vous ne connaissez pas, c'est que vous êtes en couple, que vous mentez ou que vous habitez en zone blanche… Bref, Tinder, c'est le géant de ces applis de rencontres, présent dans plus de 190 pays, il serait utilisé par près de 50 millions de personnes. Le fonctionnement est assez simple, trente secondes pour vous inscrire avec photos, sexe, âge, métier, vous précisez le genre de la personne recherchée… Et en avant Guingamp ! La machine s'occupe du reste. Elle vous présente les photos de profils répondant à vos critères dans la zone géographique que vous avez prédéfinie au kilomètre près ! Pour la précision, pas de problème. Pour le reste, en revanche… Mais ne brûlons pas les étapes. Quand un profil vous séduit, vous le swipez, enfin, vous le faites glisser. Vers la droite, quand il vous plaît, vers la gauche quand il ne vous plaît pas. Et lorsque ça « matche », c'est-à-dire que deux personnes se sont sélectionnées, vous pouvez engager la conversation.

Simple comme bonjour et, avec 1 Français sur 5 qui se serait déjà laissé tenter par ce genre d'application[1], ça fait tout de même un catalogue potentiel de plus de 10 millions de personnes dans l'Hexagone ! Je vous laisse imaginer les possibilités…

Sauf qu'après une belle période d'euphorie mon copain inscrit sur Tinder a quelque peu déchanté. Il a certes multiplié les rencontres, a eu une activité sexuelle intense, mais il a surtout développé une véritable addiction à l'application. Toujours en train de regarder qui se trouvait autour de lui. Toujours à l'affût de nouveaux profils. Ce n'était plus la rencontre qui devenait importante, mais les rencontres potentielles proposées par une application qui s'autoalimente. À chaque connexion, de nouveaux visages et donc de nouvelles possibilités. C'est sans fin. Le slogan de Tinder c'est : « It starts here », « Ça commence ici ». Eh bien, pour lui, c'est surtout la désocialisation qui a commencé ! Il m'a même confié, plusieurs années plus tard, avoir refusé du boulot ou des sorties entre copains pour pouvoir assouvir son besoin de « swiper » et de « matcher ». C'était devenu mon copain Tinder. Je l'ai même vu, de

1. https://www.20minutes.fr/societe/1783143-20160210-sites-rencontre-francais-5-chiffres.

mes yeux vu, utiliser Tinder en boîte de nuit pour brancher une fille qui se trouvait au bar de cette même boîte de nuit à 50 mètres de lui !

Et visiblement ce n'est pas un cas isolé. En développant les « matchs », vous séduisez, c'est valorisant, l'estime de soi est boostée, et tous ces visages qui se renouvellent en permanence ne font qu'attiser votre curiosité. Vous êtes pris au piège.

Mais ce n'est pas le plus grave. L'addiction, ça se soigne. Au pire, vous effacez l'application, votre smartphone ne vous en tiendra pas rigueur. La vraie question c'est plutôt : qui se cache derrière l'écran ? Car, avant de devenir réelle, la prise de contact est virtuelle, dématérialisée. Vous avez flashé sur une photo, pas sur une vraie personne. Et là, les façons de se jouer de la stupidité de la machine et du système sont infinies.

Prenez par exemple ce job à la mode, « Net Dating Assistant ». Assistant de drague en bon français, c'est visiblement porteur comme carrière. Des gens en paient d'autres pour qu'ils draguent à leur place et leur obtiennent des rendez-vous ! C'est en fait un système de sous-traitance pour draguer. Vous pensez converser avec Gilles, beau brun de 40 ans, chef d'entreprise ; mais en fait, derrière l'écran, c'est Josiane, 65 ans, qui est en action. À la demande de Gilles, moyennant rémunération, elle se fait passer pour lui. Mais ça, l'ordinateur, comme vous d'ailleurs qui êtes à deux doigts d'accepter l'invitation au resto de Josiane, enfin de Gilles, on s'y perd, ne peut pas s'en rendre compte. Après, c'est bien Gilles, le vrai, qui se pointera au rendez-vous. Avec cette sorte de Cyrano 2.0 qui drague à la place de son client, l'entourloupe n'est disons… que partielle. Mais il y a beaucoup plus grave.

Une photo, ça trompe énormément. Bien entendu sur un site de rencontres vous choisirez une photo qui vous met en valeur, au pire vous avez pris quelques kilos depuis qu'elle a été prise. La photo peut aussi être celle d'un autre. Un faux profil. Il en existerait des centaines. Pour vous appâter, pour obtenir des « matchs », certains piquent littéralement des photos d'inconnus trouvées sur le Net. Si vous avez un physique avantageux, vous êtes d'ailleurs peut-être à votre insu sur des sites de rencontres. Là aussi, aucun moyen pour la machine de savoir si la personne en photo est bien celle qui agit et toujours la sensation extrêmement désagréable, voire carrément flippante, de se retrouver à un rendez-vous avec une personne qui vous a piégé.

Une duperie qui peut même conduire aux situations les plus sordides et dramatiques.

Vous avez peut-être entendu parler d'Anthony Laroche. Il s'est retrouvé à la une des journaux en janvier 2018. Anthony Laroche – enfin Anthony Laroche c'était son nom sur les sites de rencontres – avait tout du séducteur. Visage ténébreux au regard de braise, allure de top model, 38 ans, architecte d'intérieur à Monaco. La classe ! Il proposait aux femmes une expérience type *Cinquante nuances de Grey*, une relation sexuelle chez lui, dans le noir, avec un masque et les mains attachées. Les femmes n'auraient le droit d'enlever leur bandeau qu'une fois l'acte terminé. Pour les convaincre, il se montrait patient, revenait régulièrement à la charge, attisant la curiosité de ses partenaires potentielles. Mais une fois le rapport consommé, les femmes devenaient en fait… des victimes. En guise d'architecte de 38 ans au physique avantageux elles découvraient un sexagénaire bedonnant aux allures de grand-père. Les enquêteurs estiment qu'il aurait été en contact avec 342 femmes, 24 se seraient rendues chez lui et 5 ont déposé plainte.

La multiplication de ces affaires de duperie via les sites de rencontres a même amené la Cour de cassation à faire évoluer et à préciser sa définition du « viol par surprise ». Oui, car jusqu'à présent, comme les victimes se présentaient d'elles-mêmes chez Anthony Laroche, que le rapport était consenti et qu'elles avaient accepté de se soumettre au scénario, le sexagénaire ne pouvait être attaqué que pour simple duperie ! Le viol n'était pas caractérisé ! Désormais et grâce à un arrêté du 23 janvier 2019, la Cour de cassation, plus haute juridiction de l'État, décline et adapte alors le « viol par surprise » à Internet et aux sites de rencontres, pour pouvoir pénaliser les hommes et femmes qui ont recours à ce type de stratagèmes en masquant leur véritable identité afin d'avoir des rapports sexuels. La bêtise de l'ordinateur a donc poussé la loi à s'adapter.

5

Quand la belle mécanique déraille

Alors à ce moment-là de l'histoire, vous vous dites peut-être : « Mais qu'est-ce qu'il va encore nous sortir comme aberration ? Ça va bien finir par s'arrêter au bout d'un moment ! » Eh bien non ! Cette immersion dans l'absurde que vous avez décidé d'entamer en ouvrant ce livre ne s'arrête jamais ! On a de quoi tenir un siège. Tiens, vous la connaissez celle du gars qui a payé trop vite son PV ? Parce que normalement le parcours du PV est bien rodé. Ça fait longtemps qu'on ne fait plus la queue au tabac pour acheter un timbre fiscal et qu'on n'envoie plus la contravention au centre des amendes à Rennes. Tout est dématérialisé… Beaucoup plus simple. Toujours. Sauf quand la belle mécanique du PV s'enraye à cause d'un tout petit grain de sable. Peut-être même parce que vous avez voulu trop bien faire. Vous vous souvenez de ce que disait l'informaticien dans le premier chapitre de ce livre : « Essayez d'être aussi bête qu'un ordinateur », pas la peine de jouer au plus malin, c'est perdu d'avance. Ne grillez pas les étapes, faites bien tout dans l'ordre qu'il faut, sinon l'ordinateur ne vous le pardonnera pas.

Bruno Cibin, chef d'entreprise messin, peut en témoigner. En août 2017, il se fait flasher sur l'A31, du côté de Frouard, près de Nancy, alors qu'il se rend avec la moto de sa société à un rendez-vous professionnel. Comme il le confie à l'époque à *L'Est républicain*, il ne conteste pas la faute : « Je n'ai pas vu le radar. Mais je me souviens parfaitement d'avoir dépassé la limitation de vitesse ce jour-là[1]. » Il a donc logiquement reçu un PV de 45 euros et un point de retrait sur son permis. Ni une ni deux, direction amendes.gouv.fr, le site de télépaiement des PV, pour s'acquitter des 45 euros. Ce qui est fait n'est plus à faire. Bruno Cibin n'est pas du genre à laisser traîner. Le paiement se passe très bien. Aucun problème. C'est quand même pratique comme système… Sauf que

1. https://www.estrepublicain.fr/edition-de-nancy-agglomeration/2017/09/27/verbalise-pour-avoir-paye-trop-vite-un-pv.

voilà, Bruno Cibin est trop pressé de payer ! Car, certes, le système est bien prêt à recevoir le paiement de son PV, mais il n'a pourtant pas fait les choses dans les règles, et ni son ordinateur ni le site de télépaiement ne se sont chargés de le lui rappeler !

En fait, pour les véhicules de société, ce qui est le cas de la moto avec laquelle il roulait trop vite, le chef d'entreprise ne doit pas payer tout de suite l'amende, il faut d'abord qu'il dénonce le salarié en infraction. Et même si c'est le patron qui conduit, il faut qu'il se dénonce lui-même avant de payer. Soit. Il se dit que ce n'est pas si grave mais, comme Bruno Cibin est pointilleux, il prend son téléphone pour parler à un humain et appelle directement à Rennes, là où tout se passe pour les PV.

Au bout du fil, un fonctionnaire lui annonce qu'une fois validé par l'ordinateur, il est impossible d'annuler le paiement. Pire, le fonctionnaire lui apprend surtout qu'il aura bientôt la joie de recevoir un nouveau PV. Chouette, une amende bonus pour non-dénonciation du conducteur en infraction ! Eh oui, dans la logique de l'ordinateur, comme il a payé avant de dénoncer, c'est qu'il n'a pas voulu dénoncer. Petite précision, l'amende bonus pour non-dénonciation c'est quand même 450 euros ! Conclusion du chef d'entreprise dans *L'Est républicain* : « J'ai l'impression d'être le cocu de l'histoire. » Et là on se rappelle le slogan d'Apple « Think Different »... Mais oui, pense différemment... mais pas trop quand même, car ne pas respecter le protocole de l'ordinateur, ça peut coûter cher !

Parfois, sans que l'on soit vraiment capable de comprendre pourquoi, c'est carrément l'ordinateur qui fait exploser les protocoles. Il déraille, pète complètement les plombs !

En fondant sa société en avril 2017, Gautier Avril, tout jeune chef d'entreprise, n'avait pas encore tous les codes de l'entrepreneur. Il ne savait pas, par exemple, qu'il devait déclarer à l'Urssaf qu'il n'avait pas de salarié. Il a donc dû payer en ligne une pénalité de déclaration tardive de 49 euros sur le site de l'Ursaff. Mais, un mois plus tard, il s'inquiète, son versement n'a pas été débité et ne semble pas pris en compte sur le site de l'organisme social. Il signale l'anomalie à plusieurs reprises, mais on finit par le rassurer en lui disant que tout est réglé et que, surtout, il ne tienne pas compte des mises en demeure qui lui sont envoyées automatiquement. Car même si c'est réglé on reçoit encore des mises en demeure évidemment, c'est tellement banal que l'on n'en tient même plus compte bien que ce soit franchement hallucinant. Bref, tout va bien sauf que le 8 juin, en consultant son compte en banque, il s'aperçoit que le problème a été tellement bien réglé que la somme de 49 euros lui a bien été prélevée. Mais pas une fois. Non : 99 fois le même jour ! Oui, 99 fois 49 euros, soit 4 851 euros ! Pour être réglé, c'est effectivement bien réglé…

Évidemment à l'Ursaff on a rapidement reconnu qu'il y avait eu un problème, merci. En revanche personne pour prendre la responsabilité d'expliquer la cause du problème et encore moins de monde pour lui faire une attestation d'erreur à l'attention de son banquier. En même temps, c'est la faute de personne puisque c'est la faute du système. Elle a bon dos, la technique. Comme le raconte un article du *Figaro*[1], c'est finalement en

1. http://www.lefigaro.fr/social/2018/03/07/20011-20180307ARTFIG00016-un-entrepreneur-d-ille-et-vilaine-a-ete-preleve-99-fois-le-meme-jour-par-l-urssaf.php.

faisant appel à un médiateur (humain, lui) dédié à l'organisme que l'affaire s'est résolue.

C'est sûr, toutes ces histoires saugrenues peuvent nous arriver, nous pénaliser, mais parfois, plus rarement c'est vrai, le bug peut aussi nous profiter. Comme quand vous piochez la carte « Chance » du Monopoly, « Erreur de la banque en votre faveur », eh bien en janvier 2019 on a assisté à un « erreur de la compagnie aérienne en votre faveur ».

Car s'il y a bien un secteur qui a misé sur le tout-ordinateur, c'est l'aérien. Et la compagnie Cathay Pacific, basée à Hong Kong, a dû s'en mordre les doigts quand ses billets de première classe pour un Da Nang-New York se sont retrouvés au prix de la classe éco. Un billet à 675 dollars au lieu de 16 000 ! Plus de 15 000 dollars de rabais, qui dit mieux ? Onze voyageurs ont eu le temps de profiter de cette offre inattendue avant que la compagnie ne s'aperçoive du bug. Car évidemment ce n'était pas une promo exceptionnelle, mais un bug informatique qui serait lié au passage à l'an 2019. Nous n'en saurons pas plus, d'ailleurs : n'ayant pas forcément envie de s'étendre sur le sujet, la compagnie a honoré la commande sans sourciller, validant les billets bradés des onze chanceux.

Étonnamment, cette affaire n'est pas un cas unique dans le secteur aérien. Six mois plus tôt, c'est Hong Kong Airlines qui s'était retrouvé à vendre sans le vouloir des vols Los Angeles-Shanghai six fois moins cher que prévu, alors qu'en 2014 Singapore Airlines a vendu quatre cents sièges en classe affaires à des prix de classe économique. Chaque fois, là aussi, les compagnies ont assumé le bug. Mais ne vous réjouissez pas trop vite, ce n'est pas toujours le cas. En 2015, les Américains de United Airlines se sont montrés beaucoup moins généreux. La compagnie avait annulé des milliers de réservations à la suite d'un bug qui avait mis en vente les billets de première classe à 100 dollars. United Airlines expliquait à l'époque que l'erreur n'était pas de son fait, mais avait été causée par un « fournisseur de logiciel tiers ».

Autant de bugs qui rappellent qu'un grain de sable suffit à enrayer la belle mécanique. Autant de bugs qui posent tout de même question sur la fiabilité des systèmes et, surtout, des « problèmes techniques » dépassant visiblement la machine qui vend indifféremment des places à n'importe quel prix sans jamais s'en apercevoir seule.

6

Quand les enfants prennent le contrôle

On s'attaque là à l'un des plus grands mystères du XXIe siècle : la relation fusionnelle des enfants à l'ordinateur !

Avez-vous déjà commis l'erreur de prêter votre smartphone à un enfant ?

Généralement, il disparaît avec et ne vous le rend qu'une fois la batterie totalement déchargée. C'est fascinant, un enfant avec un iPad ou un portable… Vous, la première fois que vous avez découvert cet étrange objet, à moins d'être un geek passionné, vous avez dû vous sentir dans la peau des pré-humains de *2001 : l'Odyssée de l'espace* face au monolithe noir ! Dans quel sens le prendre, comment ça s'allume… Il vous a fallu plusieurs heures, voire plusieurs jours, pour en maîtriser les subtilités d'utilisation, alors que l'enfant, lui, n'a besoin que de quelques minutes pour le dompter. Il y a comme une attirance incontrôlée et quasi incontrôlable de l'enfant pour la machine. On dirait que l'objet a été fait pour son cerveau pas encore façonné par le savoir et l'apprentissage. « Tu dois désapprendre », disait Maître Yoda à un Luke Skywalker désireux de devenir Jedi. Eh bien, c'est peut-être ça le secret de l'enfant et des tablettes. D'une simplicité intuitive, l'objet est fait pour lui. Les images bougent et réagissent directement aux mouvements de ses doigts. Pas d'intermédiaire. C'est direct. Ajoutez une souris entre l'écran et la main de l'enfant, il sera perdu. Au début en tout cas. Les codes ont changé. Inutile de vous voiler la face. Vous avez perdu la main au profit de vos enfants.

D'ailleurs, sur mon smartphone, il n'y a pas si longtemps que cela, j'ai vu apparaître de drôles d'icônes à l'écran. Un jour des têtes de mort aux yeux vert fluo sur l'inscription « Castle Crush »…, le lendemain une sorte de tank couleur de feu répondant au doux nom de « Tank Stars »…, puis est arrivé un barbu avec une couronne sur la tête intitulé « Clash Royale »… J'ai d'abord cru à des publicités agressives, à un piratage. Mais que nenni, les amis. À bas la parano ! Non. Tout cela n'était que l'œuvre de Gaspard. Gaspard, c'est mon fils, 7 ans au moment des faits. Il a découvert, je ne sais comment, la façon de télécharger des jeux !

En fait, Gaspard a eu la bonne idée de demander une tablette au Père Noël. J'ai donc partagé mon identifiant Apple avec lui afin qu'il puisse utiliser son cadeau. Sauf que Gaspard a rapidement trouvé tout seul le chemin pour se télécharger des jeux tranquillou dans l'Apple Store. Jeux qui par la magie du « cloud », le nuage qui centralise toutes les informations d'un même identifiant, se retrouvent aussi sur l'écran de mon smartphone. Rien de grave, certes, mais j'ai quand même perdu le contrôle de mon propre téléphone. Il a fallu que je lui crée un dossier spécial où je range ses jeux au fur et à mesure pour éviter d'avoir cette multitude d'icônes dont je n'ai absolument rien à faire. Des jeux qu'il a désormais à disposition sur mon téléphone et auxquels il peut avoir accès même quand il est privé de sa tablette. Forcément, puisqu'ils sont aussi sur mon téléphone qui du coup disparaît régulièrement lors de longs trajets en voiture, au restaurant ou lors des dîners en famille… Mon téléphone n'est plus vraiment le mien. Et la petite sœur de Gaspard, Victoire, n'est pas en reste. Elle ne sait pas encore lire mais sait parfaitement comment déverrouiller mon téléphone et aller regarder les photos ou jouer à son jeu de coloriage en cliquant sur l'icône dédiée...

Souriez, nous sommes cernés !

Loin d'être anecdotiques, les cas de Gaspard et Victoire sont finalement extrêmement communs. Si vous n'êtes pas concernés, faites donc le test autour de vous, vous aurez du mal à trouver de jeunes parents n'ayant pas quelques applications destinées à hypnotiser leur progéniture sur leur téléphone...

Et quand je parle d'enfants, le spectre est très large, puisqu'une étude de la Fondation pour l'enfance de juillet 2018[1] nous révèle qu'entre 0 et 2 ans, 32 % des enfants ont déjà utilisé une tablette ! Après 5 ans, les voilà experts !

Alors on ne va pas ici jouer les moralisateurs en vous rappelant les études qui montrent à quel point les écrans sont nocifs pour les enfants, on ne vous répétera pas non plus, enfin si quand

1. https://www.fondation-enfance.org/wp-content/uploads/2018/11/Fondation-pour-lEnfance-Etude-petite-enfance-et-num%C3%A9rique-juillet-2018.pdf.

même, que Steve Jobs, inventeur de l'iPad, en interdisait l'accès à sa progéniture ! En revanche, ce qui est certain, c'est que les enfants agissent beaucoup par mimétisme et que ce ne sont pas eux qui sont allés en couches-culottes à la Fnac acheter une tablette. Méfiance donc…

Méfiance surtout face à l'algorithme de YouTube, véritable aimant à enfants. Car la première fois que vous installez le petit dernier devant une vidéo de l'âne Trotro sur votre tablette via YouTube, vous lui confiez en fait les clefs du camion. L'air de rien, pendant qu'il regarde son dessin animé, l'algorithme de YouTube lui propose sur la droite de l'écran une multitude d'autres vidéos similaires. L'enfant comprend très vite qu'en posant son doigt sur l'une des images de droite, une nouvelle vidéo apparaîtra… et ainsi de suite, à l'infini ! Trop trop rigolo ! Sauf qu'une vidéo de vingt minutes de l'âne Trotro devient donc un flot ininterrompu d'images qui plaisent à l'enfant, lequel, en plus, peut du coup choisir la suite du programme. Il décide de ce qu'il regarde. Il découvre un monde dans lequel c'est lui le patron, situation tellement grisante à cet âge-là ! Il prend le contrôle de votre tablette et vous aurez bien du mal à la récupérer !

D'ailleurs ce rapport hypnotique de l'enfant face à la tablette a été illustré de façon édifiante par une marque italienne de sauces... Oui, je sais, là vous vous demandez quel est le rapport entre la sauce tomate et la tablette. Vous allez comprendre.

C'est l'« expérience Dolmio ». Pour promouvoir les repas en famille, la marque italienne Dolmio s'est livrée à une expérience sociale originale. Prenez quatre familles différentes, et attendez que les enfants soient absorbés par leur tablette. Une fois qu'ils ont la tête plongée dans leur écran, commencez à modifier leur environnement. On change les tableaux autour d'eux, l'emplacement des meubles, ils ne remarquent rien ! Ils ne décrochent pas le regard de leur tablette. Pour aller plus loin, ce sont ensuite les parents qui sont remplacés par des gens habillés de la même façon. Là non plus, toujours pas de réaction. De parfaits inconnus déambulent autour d'eux sans qu'ils ne s'en rendent compte ! Tant qu'à faire, on change aussi les frères et sœurs. Le faux frère vient s'assoir à côté de celui qui a les yeux rivés sur sa tablette, qui ne remarque même pas sa présence ! Ce n'est finalement que lorsque l'on coupera le wifi que les enfants sortiront de leur torpeur et lèveront la tête en se demandant ce qu'il se passe. Ce n'est qu'à ce moment-là qu'ils découvriront que tout leur environnement a été modifié alors qu'ils étaient pourtant dans la pièce ! La coupure du wifi a eu le même effet sur eux, plongés dans une sorte de long sommeil, que quand un hypnotiseur dit à son client : « Réveillez-vous ! » Une expérience hallucinante dont la vidéo, facilement disponible sur le net[1], fait froid dans le dos. Conclusion de l'histoire : pour profiter d'un dîner en famille, coupez Internet ! On en est là !

1. https://www.youtube.com/watch?v=-DS8lkAig2U.

7

La maladie de l'ordi

Connaissez-vous la « cybercondrie » ? La cybercondrie, c'est la capacité à se rendre de plus en plus anxieux au fur et à mesure que l'on va consulter Internet. La cybercondrie, c'est l'hypocondrie 2.0 car, quand on s'inquiète pour sa santé, l'ordinateur devient notre pire ennemi.

Imaginez, vous avez des rougeurs sur le bras. Vous tapez « rougeurs sur le bras » dans Google et là votre ordinateur, qui rappelons-le n'a pas fait médecine, vous propose plusieurs centaines de milliers de réponses avec presque autant de possibilités de maladies que vous avez peut-être contractées et qui provoqueraient ces rougeurs sur le bras. Exhaustivité de la machine oblige, vous lui parlez d'un symptôme et elle vous régurgite bêtement tout ce qui peut éventuellement toucher de près ou de loin à ce symptôme. Résultat : vous risquez bien de lire ce qu'il y a de pire… Ça va de l'eczéma au psoriasis en passant par une infection grave ou évidemment un cancer. Bon, ça peut aussi être que vous vous êtes gratté trop fort pendant la nuit sans vous en rendre compte, mais dans le doute il vaut mieux aller consulter. C'est en fait la réponse donnée par ce que l'on appelle communément les « sites Internet de santé ». Plus ou moins sérieux, plus ou moins bien faits, les sites de santé pullulent sur le Web et la machine, incapable de faire le tri, vous propose toutes formes de maladies et de médecines en vrac pour chaque symptôme que vous taperez dans votre barre de recherche ! Avec Internet, même ceux qui n'étaient pas hypocondriaques risquent de le devenir, car les sites de santé ne sont pas toujours certifiés. Impossible de vérifier si ce qu'ils avancent est vrai. Le pire restant quand même les forums de discussions associés à certains sites. Car parfois, en fonction des symptômes que vous décrivez, l'algorithme du moteur de recherche, qui se base sur les mots inscrits, vous dirige directement sur un forum. Là, c'est la foire d'Hippocrate, la cour des miracles ! Des gens qui sont autant médecins que moi je suis plombier se donnent des conseils, analysent leurs symptômes et leurs maladies. Et là, je peux vous garantir que le mal de tête lancinant qui vous a poussé à consulter docteur Google va vite être diagnostiqué comme un cancer incurable du cerveau.

D'ailleurs, si l'on y réfléchit une minute, comment voulez-vous que l'ordinateur soit capable de vous dire à quoi correspondent exactement vos symptômes ? C'est ridicule, et pourtant, l'envie d'aller « regarder sur Internet » est trop forte ! La preuve, Doctissimo, l'un des plus célèbres sites de santé, a dénombré durant toute l'année 2018 près de quarante millions de visites chaque mois sur ses sites Internet en France, en Italie et en Espagne[1] !

Une audience faramineuse qui se ressent jusque dans le cabinet du médecin, le vrai. En fait, la recherche d'informations médicales sur le Net a carrément modifié la relation patient-médecin. C'est en tout cas ce qui est ressorti d'une grande conférence organisée sur le sujet à Genève en novembre 2016. Dans le journal suisse *Le Temps*, Didier Pittet, médecin-chef du service Prévention et Contrôle de l'infection des

1. http://www.leparisien.fr/culture-loisirs/tv/pourquoi-tf1-achete-doctissimo-14-10-2018-7918374.php.

Hôpitaux universitaires de Genève, qui y participait, explique : « En allant rechercher des informations sur Google ou Wikipédia, vous allez forcément lire les choses les plus terribles. Certains patients arrivent totalement paniqués en consultation[1]. » Les patients se présentent chez leur médecin en ayant déjà une idée préconçue de leur maladie et, surtout, ce qui est encore pire, du traitement qui s'impose !

L'information médicale en vrac et sans le filtre du professionnel de santé est tellement accessible qu'elle alimente désormais ce que l'on appelle l'effet « nocebo ». L'effet nocebo, c'est l'inverse de l'effet placebo. Faisons ici une pause latin, ça fait toujours bien. *Placebo* signifie en latin « Je plairai », *nocebo* signifie en revanche « je nuirai ». En gros, le simple fait de s'attendre à des effets secondaires négatifs d'un médicament favorise leur venue. Du coup, sur les forums, sur des sites peu fiables où l'on trouve tout et n'importe quoi, les patients lisent des informations parfois fausses sur les médicaments prescrits par leur médecin et développent

1. https://www.letemps.ch/sciences/Internet-transforme-patients-experts-medicaux.

des pathologies. D'autres, à force de ne lire dans les forums que des témoignages de personnes ayant subi les effets secondaires des médicaments se focalisent dessus et finissent par les développer à leur tour. Dans un article très complet sur le sujet du site allodocteurs.fr de 2013[1], le Pr Jean-François Bergmann, chef du service de médecine interne de l'hôpital Lariboisière, raconte une expérience effectuée avec des patients atteints de sclérose en plaques. Certains recevaient un placebo, d'autres le vrai traitement, mais tous devaient lire la notice avec la liste des effets secondaires. Eh bien, croyez-le ou non, 23 % des malades qui recevaient du sérum physiologique ont développé la réaction fébrile signalée par la notice ! Alors bien entendu, Internet peut aussi permettre à des communautés de malades de se retrouver, d'échanger, de se sentir moins seuls face à la maladie ; mais, en matière de diagnostic et d'information, le système a encore des progrès à faire. Pire, ce coquin d'ordinateur a même la capacité de créer de nouvelles pathologies !

Féru d'actualité, vous avez certainement installé

---

1. https://www.allodocteurs.fr/se-soigner/medicaments/l-effet-nocebo-le-cote-obscur-de-l-effet-placebo_9942.html.

ce que l'on appelle des « pushs », des alertes, sur votre smartphone. Dès qu'il se passe quelque chose de jugé suffisamment important par les rédactions auxquelles vous avez souscrit, vous recevez l'information en temps réel sur votre écran. Pour peu que vous soyez également sur Twitter ou Facebook, vous recevez finalement en permanence sans trop vous en rendre compte des dizaines et des dizaines d'infos inquiétantes du monde. Cela crée ce que les Américains appellent la « *disaster fatigue* », la fatigue du désastre ! Mary McNaughton-Cassill, professeure de psychologie à l'université du Texas, explique que les cas de fatigue du désastre sont de plus en plus nombreux [1]. Elle précise qu'à l'ère du digital, alors que trois quarts des gens regardent leur smartphone juste avant d'aller se coucher et dès leur réveil, il est de plus en plus difficile de ne pas se sentir complètement submergé par les mauvaises nouvelles. Un bombardement d'infos anxiogènes par nos téléphones qui s'exécutent sans discernement, rien ne nous est épargné. Un trop-plein de négativité qui favorise selon elle la dépression, l'anxiété et la colère. Avec tout ça vous

1. https://www.huffingtonpost.ca/2017/10/16/disaster-fatigue_a_23244769/.

dormez moins bien, du coup vous êtes fatigué. Bref, vous entrez dans une spirale infernale qui finira par vous transformer en zombie ! Vous trouvez ça un poil exagéré ? Moi aussi. Bon, après, il vous suffit juste de supprimer les alertes sur votre téléphone ou de tout simplement moins le regarder et ça devrait aller beaucoup mieux ! Un traitement validé sur Internet par un certain Dr Bon Sens…

8

Les robots ne sont pas des héros

Jouez, hautbois, résonnez, musettes, le robot est l'avenir de l'homme !

En tout cas, pour commencer, l'avenir de l'hôtellerie. C'est en substance ce que promettaient les créateurs de l'établissement Henn Na près de Nagasaki au sud du Japon. Un hôtel, le premier de l'histoire de l'humanité, entièrement tenu par des robots. Un personnel corvéable à merci, disponible 24 heures sur 24, pas trop regardant sur le salaire… Le pied ! Nous sommes en 2015, la révolution technologique est en marche et le concept a son petit succès. D'autres enseignes ouvrent sur le même modèle à Tokyo, Osaka, Fukuoka et Kyoto. Partout, les robots vous accueillent, portent vos bagages ; bon, il faut quand même des humains pour faire les lits car ça ils ne savent pas faire, mais tout a l'air de fonctionner à merveille. En apparence en tout cas, car moins de quatre ans plus tard, en janvier 2019, l'expérience tourne court, on assiste au premier plan social de robots. Oui, virés les robots ! La moitié des 243 humanoïdes qui composent le staff des hôtels a été priée de se rendre à la casse. À l'usage, les propriétaires sont arrivés à la terrible conclusion qu'au lieu d'augmenter la productivité et de réduire la main-d'œuvre, l'omniprésence des robots a eu l'effet inverse. Entre les bugs à répétition, les dysfonctionnements et le coût de la maintenance et de l'entretien de ces adorables petites machines, il faut plus de personnel que celui qui est nécessaire à la gestion de l'hôtel. Pas si au point que ça, pas vraiment capables de s'adapter aux demandes des clients, ils ont entraîné une surcharge de travail pour leurs collègues humains. Un comble quand on se fie à la devise de l'hôtel : « Les humains devraient se concentrer sur des tâches que seuls les humains peuvent accomplir. » Visiblement les humains doivent donc tout faire, en réalité…

Pire, à l'hôtel Henn Na (qui signifie « étrange », « bizarre » en japonais), les robots censés être un argument de vente sont devenus des repoussoirs. On ne compte plus les commentaires de clients désabusés, notamment par le robot-fleur présent dans chaque chambre. Le robot-fleur, c'était une sorte d'assistant vocal ayant donc la forme d'une jolie fleur. Le souci, c'est que la fleur se mettait à parler en pleine nuit, interprétant les ronflements des clients comme une demande. Fleur qui fut d'ailleurs l'une des premières victimes du cyberplan social, suivie de près par le dinosaure de l'accueil incapable de photocopier les passeports, ce qui est, vous en conviendrez, problématique quand on est chargé de l'enregistrement des clients !

Même expérience malheureuse pour Fabio le robot. Fabio, avec ses gros yeux tout ronds, a trouvé un job dans un supermarché d'Édimbourg, en Écosse. À l'accueil, il était chargé de renseigner les clients. Problème : quand par exemple on lui demandait où se trouvaient les bières, demande évidemment fréquente en Écosse, Fabio répondait : « Au rayon alcool »... Le supermarché lui a quand même laissé une deuxième chance en lui trouvant un autre poste, la distribution d'échantillons de produits. Mais, là non plus, Fabio n'avait pas le niveau. Trop agressif ou trop avenant, voire oppressant, incapable de nuance, d'empathie, de « sentir le client », il a effrayé les consommateurs. Résultat, là où un humain distribue généralement 12 échantillons en 15 minutes, Fabio n'en distribuait que 2 ! Direction la casse pour Fabio.

Là vous vous dites peut-être que je ne vous parle volontairement que de robots bas de gamme, de robots low cost, mais qu'il existe bel et bien des bijoux de technologie qui remplaceront l'homme dans un futur proche. Eh bien non ! Vous voulez du robot de qualité, vous voulez la crème de la crème de l'intelligence artificielle. Allons-y !

Vous avez peut-être entendu parler de Sophia ? Sophia, c'est le Canada Dry de l'homme, enfin de la femme. Elle a l'aspect d'une femme, intellectuellement elle doit aussi ressembler à un humain, mais c'est pas de l'humain. C'est du robot. Elle a été modelée sur l'actrice Audrey Hepburn et c'est vrai que son aspect physique est assez bluffant. Là-dessus rien à dire. Son visage en silicone est capable de mimer plus de soixante expressions humaines, elle reconnaît les personnes... Hanson Robotics, l'entreprise basée à Hong Kong qui en est à l'origine, l'a conçue pour tout apprendre au contact des êtres humains afin qu'elle puisse être la partenaire idéale pour aider les personnes âgées en maison de retraite ou servir de guide dans les parcs. L'ordinateur qu'elle a dans le crâne, équipé du top du top de l'intelligence artificielle, doit lui permettre d'ingurgiter toutes les infos qui passent, de les trier et de les ressortir au bon moment. Beaucoup d'espoirs sont fondés sur Sophia. Elle est tellement extraordinaire qu'elle est devenue le premier robot de l'histoire à obtenir une nationalité ! Et pas n'importe laquelle : la nationalité saoudienne, qui lui a été remise en grande pompe le 25 octobre 2017 à Ryiad. Sophia, robot « féminin » donc, s'est présentée sur scène sans voile et sans chaperon homme, ce qui reviendrait à dire que, dans un pays qui ne brille pas par son ouverture sur la condition féminine, Madame Robot a plus de droits que Madame tout court ! Après, inutile de trop en faire sur cet événement qui ressemble surtout à un coup de com' nécessaire pour promouvoir les progrès de Sophia. Car tout est là, dans la com'. D'ailleurs, on la retrouve régulièrement dans des vidéos sur le Net[1] en train de discuter avec des célébrités, l'animateur américain Jimmy Fallon ou Will Smith s'affichent avec

1. https://www.vanityfair.fr/actualites/videos/quand-will-smith-essaie-de-flirter-avec-sophia-le-robot/3399.

elle. Il faut montrer que Sophia avance, progresse. Que c'est l'élite du robot. Soit.

Ainsi, en novembre 2018, toute la planète geek retenait son souffle. Au Web Summit de Lisbonne où le gratin du cyberespace se retrouve tous les ans, on allait présenter au monde la dernière version de Sophia. Aussi excitée que des lycéens la veille du bal de promo, la foule n'attendait qu'elle. Et là, Sophia est arrivée sur scène. Sans ses jambes qu'elle avait laissées à Las Vegas lors d'un précédent congrès, mais elle était là quand même, en métal et en silicone. Avec Ben Goertzel, directeur scientifique de Hanson Robotics, elle a commencé à disserter, à montrer l'étendue de ses talents, mais très vite sa « pensée » a ralenti. Elle a même carrément perdu pied. Comme le raconte l'envoyée spéciale du journal *20 minutes*[1] qui a assisté au fiasco : « Elle ne comprend pas les questions que lui pose son mentor et, quand elle croit avoir compris, elle crache des définitions tirées de Wikipedia. "Qu'est-ce que ça veut dire être humain ?" lui demande-t-on.

1. https://www.20minutes.fr/arts-stars/web/2368447-20181109-video-sophia-robot-preuve-homme-encore-trop-souci-faire.

“L’adjectif relatif à l’être humain est le nom vernaculaire de la lignée humaine”... », répond Sophia de manière mécanique. “Que veut dire être un robot ?” tente de nouveau Ben Goertzel. Même résultat. » Un échec en Mondovision à cause, tenez-vous bien, d’une mauvaise connexion Internet ! Oui, vous ne rêvez pas, une simple connexion Internet faiblarde a réussi à anéantir l’Einstein des robots ! Pas si forts que ça, les humanoïdes.

D’ailleurs, cette présentation spectaculaire qui tourne au fiasco en rappelle beaucoup d’autres. Comme celui de la marque japonaise Honda, trop heureuse de nous présenter son dernier-né, un robot capable de monter des marches qui s’était finalement lamentablement vautré dans l’escalier devant la presse du monde entier, ou encore ce pauvre Buddy, un robot du même type que Sophia, soit-disant capable d’identifier les visages et qui n’a pas reconnu François Hollande lorsqu’il était président de la République ! Bon, on pense ce que l’on veut de François Hollande mais c’est tout de même pas brillant pour le robot.

En fait, c’est tellement stupide, un robot, tellement limité, que même le géant Microsoft n’a pas encore su complètement le dompter. Pourtant, en 2016, on allait voir ce qu'on allait voir. La firme créée par Bill Gates présentait Tay, son robot doté d'une intelligence artificielle surpuissante qui allait apprendre au contact des humains. Tay a été conçu dans un but éducatif. Au contact des internautes, elle (oui, c'est encore une fille robot), devait être capable de s'adapter, de parler comme eux. D'ailleurs au début, lors de ses premières heures sur le réseau social Twitter, Tay s'en sortait plutôt pas mal, comme le raconte le site spécialisé Next INpact[1] : « Plus Tay était sollicitée, plus le robot devenait capable de répondre comme une personne "normale", avec un sens certain de la repartie et un certain second degré. » Formidable ! Sauf que Tay ne réfléchit pas vraiment, son intelligence n'est qu'artificielle, au sens de « qui n'est pas conforme à la réalité », comme le définit le Larousse. Du coup, des petits malins ont abreuvé Tay de pensées nauséabondes, de violences verbales. Incapable de comprendre et de faire le tri, Tay a tout appris en bloc. Et au lieu de devenir de

1. https://www.nextinpact.com/news/99211-tay-ia-lancee-par-microsoft-sur-twitter-puis-retiree-pour-alienation-mentale.htm.

plus en plus intelligente au fil de ses interactions, elle est devenue de plus en plus raciste et de plus en plus odieuse. Elle s'est mise à écrire des messages du genre : « *I fucking hate feminists and they should all die and burn in hell* », ce qui signifie (mes excuses par avance) : « Je déteste les féministes et elles devraient toutes mourir et brûler en enfer. » Ou encore « *Hitler was right, I hate the Jews* » (re-mes excuses par avance), « Hitler avait raison, je déteste les Juifs », et je vous épargne le reste ! Imaginez la tête des génies de Microsoft ! Il a fallu stopper l'expérience au bout de 24 heures seulement.

Alors oui, les robots sont capables d'apprendre, on vient de le voir, mais sont incapables de finesse et d'empathie. On pourrait y ajouter des filtres mais il leur manquera toujours une forme du libre arbitre qui caractérise l'humain. Le robot peut effectivement devenir une tête bien pleine, en revanche pour la tête bien faite il faudra repasser.

Entre le moment où ces lignes sont écrites et le jour où vous les lirez, il y aura certainement eu des dizaines de nouvelles expériences, des centaines de nouveaux robots plus performants sans doute. Il y a encore quelques minutes à la télé, on nous présentait un robot capable de tenir un œuf sans le briser, robot qui aurait donc le sens du toucher. La semaine dernière, on nous vantait les mérites du robot journaliste capable de présenter les infos, mais ce robot n'est qu'un perroquet. *Grosso modo*, il répète ce qu'un humain lui a demandé de répéter. Derrière le robot il y a toujours un humain. Il n'y a pas de machine supérieurement intelligente, il n'y a que des programmes et des engins capables de les exécuter plus ou moins bien. Le problème, c'est que le robot, même imparfait, essaie désormais de prendre le volant de notre voiture…

9

En voiture Super Mario

L'accident est inévitable. L'ordinateur qui vous sert de chauffeur dans votre voiture autonome toute neuve est complètement déboussolé. Pour esquiver le chat qui vient de traverser la route, il a dû faire une embardée. Résultat, dans quelques secondes il va percuter le trottoir. Mais il lui reste encore un choix à faire. Épargner la vieille dame qui sort d'un magasin et vous tuer, ou renverser l'octogénaire et vous sauver… Choix cornélien, n'est-ce pas ? Ce type de « dilemme » risque bien de se poser aux voitures autonomes qui devraient circuler sur nos routes rapidement, à en croire les constructeurs et les spécialistes. Car je vous rappelle que les ordinateurs sont astreints à des tâches bien précises et que, une fois paramétrés, ils n'en démordent pas, ils exécutent. Sachez que, si vous avez coché le paramètre « me sauver la vie coûte que coûte », eh bien en cas de gros problème la voiture autonome préférera foncer sur une colonie de vacances en goguette pour vous éviter l'accident mortel ! Aucune conscience, l'ordinateur. C'est cruel mais c'est comme ça. Avec la voiture autonome, pas d'histoire d'instinct ou d'affect.

C'est en anticipant ce genre de problèmes que les très sérieux chercheurs du MIT (Massachusetts Institute of Technology) et du CNRS ont associé leurs brillants neurones pour créer en juin 2016 la « Moral Machine ». Il s'agit d'un site Internet auquel des internautes du monde entier participent en répondant à un questionnaire de moralité impliquant voiture et passagers d'un côté, et piétons de tout type de l'autre : enfant, adulte, chat, chien, délinquant, homme, femme, femme enceinte, sans-abri, cadre… Face à toutes sortes de dilemmes moraux, quelle serait votre réaction ? Préférez-vous sacrifier le chat ou la mamie ? Préférez-vous subir un accident potentiellement mortel ou écraser une femme enceinte et sa poussette ?

Les réactions humaines collectées pourraient ainsi permettre le paramétrage par défaut des voitures autonomes. En octobre 2018, les résultats ont été publiés, et comment dire… c'est étonnant !

Comme le raconte le site de *Sciences et Avenir*[1], trois grosses tendances se dégagent. D'abord, sachez qu'entre des humains et des animaux, les internautes épargnent en priorité les humains. L'instinct de sauvegarde de l'espèce sans doute. Ensuite, nous donnons plutôt la priorité à l'action qui préservera le plus de vies possible. En gros, désolé les seniors, on sacrifiera plus souvent les personnes âgées quand la vie d'enfants est en jeu. Enfin – et là la moralité en prend quand même un coup –, les personnes en surpoids, les sans-abri et les délinquants sont plus souvent tués pour épargner un adulte (homme ou femme). Oui, c'est affreux !

Au-delà de ces trois grandes tendances, les réponses sont aussi très disparates en fonction des pays. Les pays d'Orient sont par exemple beaucoup moins fixés sur la sauvegarde des enfants face aux personnes âgées et, dans les pays du Sud, la différence entre « épargner un humain » et « épargner un animal » n'est pas aussi nette qu'ailleurs. Bon c'est vrai, il faut bien reconnaître que le question-

1. https://www.sciencesetavenir.fr/high-tech/moral-machine-les-choix-moraux-des-internautes-en-voiture_128907.

naire pousse à ce genre de réponse, c'est un peu comme quand on demande à un enfant s'il préfère sa mère ou son père… Mais la stupidité de la machine nous oblige à nous poser ce genre de questions pour anticiper le futur. D'ailleurs, si vous décidez de paramétrer votre ordinateur de bord afin de maximiser les chances de vous sauver la vie et que, du coup, votre voiture décide d'écraser un autre être humain pour vous éviter l'accident, est-ce que cela fait de vous un assassin ? Qu'en pensera la justice ?

En attendant de pouvoir répondre à ces questions, les résultats du test sont en libre accès et pourraient aider les gouvernements et les constructeurs lors de la configuration et du paramétrage des algorithmes. Mais, comme le précise à *Sciences et Avenir* Jean-François Bonnefon, chercheur en psychologie au CNRS et concepteur du questionnaire : « Il ne s'agit pas de leur dire ce qu'ils doivent faire, quelles règles ils devront appliquer. En revanche, les résultats peuvent permettre aux gouvernants de se concentrer sur les cas qui prêtent le plus à controverse dans leur pays. » Reste à savoir si règles il y aura. Car des voitures autonomes circulent déjà dans le monde réel et, finalement, des règles il n'y en a pas vraiment.

Prenez le cas d'Elaine Herzberg. Vous découvrez certainement son nom. Pourtant, cette femme de 49 ans est malheureusement entrée dans l'Histoire. C'est la première piétonne tuée par une voiture autonome ! Nous sommes le 18 mars 2018, à Tempe, près de Phoenix en Arizona. Uber a le droit d'y faire circuler ses taxis sans conducteur. C'est une phase de test, mais sur de vraies routes avec de vraies gens, car Uber est sûr de son coup et a réussi à en convaincre les autorités américaines. Le Volvo XC90, un SUV, roule à environ 50 kilomètres à l'heure. Au loin, Elaine Herzberg circule à pied sur la chaussée. Elle pousse son vélo. La voiture a bien détecté quelque chose sur la route… Le problème, c'est que l'ordinateur, enfin ses détecteurs, ont du mal à savoir s'il s'agit d'un sac plastique qui virevolte, d'un tas de feuilles mortes ou d'un piéton, donc. En fait selon le site américain The Information[1], le logiciel de détection de la Volvo avait été

1. https://www.theinformation.com/articles/uber-finds-deadly-accident-likely-caused-by-software-set-to-ignore-objects-on-road.

modifié afin d'éviter les freinages intempestifs. La perception des capteurs avait été assouplie pour éviter justement que la voiture ne pile à cause d'un simple morceau de carton qui pourrait traîner sur la route.

L'ordinateur du SUV a donc confondu Elaine Herzberg et son vélo avec un sac en plastique et a renversé la pauvre femme. Une « légère » erreur de perception aux conséquences dramatiques. Et comme, rappelons-le, il s'agissait d'une phase de test, il y avait tout de même quelqu'un à bord de la voiture. Une employée d'Uber qui, faisant sans doute une confiance aveugle en son ordinateur de bord, regardait des vidéos sur son smartphone et n'a donc pas pu intervenir ! En même temps, si c'est pour garder les deux mains sur le volant et rester attentif, à quoi bon avoir une voiture qui roule toute seule !

Plusieurs enquêtes de police ont conclu à un problème du logiciel, mais aussi à des lacunes dans le processus de tests des véhicules. Début novembre 2018, Uber a donc publié sur Internet un rapport de soixante-dix pages sur la sécurité, remettant tout à plat afin de demander de nouvelles autorisations de tests. Autorisations de nouveau accordées sur certaines routes américaines.

Alors évidemment, bien paramétrée, la voiture autonome a beaucoup d'avantages. Elle ne boit pas, ne se drogue pas, n'est jamais fatiguée et pourrait donc faire chuter la mortalité routière. D'autant que la responsabilité humaine est engagée dans 90 % des accidents de la route. Comme me le confirmait d'ailleurs Christophe Bourroux, spécialiste auto à RTL, la voiture autonome est bel et bien l'avenir de l'automobile. Selon lui, il faudra attendre encore quelque temps avant d'utiliser régulièrement sur nos routes des véhicules cent pour cent autonomes dans lesquels vous n'avez vraiment plus rien à faire. L'intelligence artificielle entre de fait par petites touches, pas à pas, à l'intérieur de nos voitures. À chaque nouveau modèle, une nouvelle innovation. À chaque Salon de l'auto, l'intégration d'un nouveau logiciel pour finir par arriver à un véritable salon roulant totalement informatisé.

Mais tout de même, quid du bug et du hacking, pardon, du piratage ? Car les conséquences d'une anomalie en voiture prennent des proportions hallucinantes. La problématique n'est plus vraiment la même qu'avec un site Internet en panne pendant 24 heures. Là ce sont les freins qui ne s'actionnent plus, l'ordinateur qui choisit subitement de quitter la route ou encore la voiture qui décide d'accélérer sans que vous ne puissiez intervenir pour l'en empêcher. On se dit alors que confier sa vie à un logiciel, à un robot, frôle l'inconscience. On imagine d'ailleurs la sensation un peu angoissante de se retrouver sur le périph à l'heure de pointe sans avoir les mains sur le volant. Ce n'est pas forcément pire que le chauffeur de taxi dont vous ne connaissez rien et qui n'a peut-être pas dormi depuis trois jours ; mais, reconnaissez-le, il y a quand même comme une barrière psychologique ou *a minima* une appréhension à monter dans une voiture sans pilote.

En 2017 l'institut OpinionWay a d'ailleurs réalisé un sondage pour la société informatique VMware concernant notre perception de la voiture autonome, et force est de constater que nous sommes encore quelques-uns à ne pas faire une totale confiance au robot pilote : 56 % des Français ne se disent pas prêts à utiliser un véhicule cent pour cent autonome, alors qu'aux États-Unis une enquête menée par l'American Automobile Association la même année précise que 54 % des Américains ne se sentiraient pas en sécurité si des voitures autonomes prenaient part à la circulation.

En tout cas, en attendant Kitt de *K 2000*, la voiture qui parle et qui conduit toute seule, star de la série culte des années 80, vous pouvez d'ores et déjà constater les progrès de la voiture autonome à travers les Grands Prix de Roborace, courses de voitures électriques et autonomes. C'est très sérieux, c'est organisé par la Fédération internationale de l'automobile (FIA). Sauf qu'amis de l'espèce humaine, l'honneur est sauf. À Rome en mai 2018, la FIA a organisé l'épreuve « Human + Machine », une course entre un vrai pilote et une voiture conduite par l'intelligence artificielle. Le pilote américain Ryan Tuerck a donc affronté l'intelligence artificielle d'un véhicule d'essais, le robot DevBot. Les deux « compétiteurs » ont, à tour de rôle, effectué le tour de circuit le plus rapide possible. L'homme a battu la machine à plate couture : 1 minute 51 secondes et 8 dixièmes pour le vrai pilote contre 2 minutes 18 secondes et 4 dixièmes pour l'intelligence artificielle, qui n'est décidément pas près de jouer les Fangio !

10

La fin des embouteillages !

Nous sommes à Lieusaint en Seine-et-Marne. Cette petite commune pavillonnaire d'Île-de-France a longtemps vécu dans le calme et la sérénité. Des rues tranquilles, un trafic réduit, pas de bruit, pas de pollution... Mais, au fil des ans, les habitants ont constaté peu à peu une augmentation du trafic routier. Surtout aux heures de pointe. Entre 8 et 9 heures du matin, des embouteillages, des coups de klaxon, des voitures pare-chocs contre pare-chocs sont venus perturber la quiétude des lieux. L'augmentation exponentielle de la circulation a même créé une forme d'insécurité routière pour les nombreux écoliers en chemin tous les matins. Mais pourquoi tout à coup un tel engouement des automobilistes pour le centre-ville de cette petite bourgade d'Île-de-France ?

Vous me voyez peut-être venir... Eh bien

tout simplement parce que Waze, vous savez, la célèbre appli antibouchons emblématique de ces GPS dernière génération, a fait du centre-ville de Lieusaint l'itinéraire de délestage idéal en cas d'embouteillage sur la Francilienne. Oui, pour contourner le bouchon, grâce à ses cartes et à son système intelligent, l'algorithme a calculé que le mieux c'était de couper par le village. Une réflexion basique sans vraiment se demander si transformer un centre-ville en itinéraire *bis* d'une autoroute sans les moindres travaux d'aménagement ne risquait pas de poser quelques soucis. Et comme cette autoroute qui fait le tour de l'Île-de-France, la fameuse Francilienne, est embouteillée presque tous les matins, je vous laisse imaginer ce qu'est devenu le petit village tranquille ! Un enfer. Les habitants de la rue du Canal, en plein sur l'itinéraire *bis* de Waze, sont au bout du rouleau. À tel point qu'en juin 2018, comme le raconte *Le Parisien*[1], le maire PS, Michel Bisson, a décidé de prendre le taureau par les cornes. En langage plus cru, j'ai envie de vous

1. http://www.leparisien.fr/seine-et-marne-77/lieu saint-gagne-sa-bataille-face-aux-bouchons-de-waze-14-01-2019-7988343.php.

dire qu'il va surtout se mettre au niveau de l'appli. Comme elle est très conne, eh bien, il va être encore plus con, il va mettre des feux rouges partout sur l'itinéraire de délestage pour ralentir le trafic au maximum, de façon à créer des embouteillages sur sa commune et que Waze arrête de proposer à ses utilisateurs de passer par Lieusaint. Fallait oser quand même. Il a donc fait installer six feux de signalisation supplémentaires et placé plusieurs rues en sens unique pour rallonger le temps de trajet ! Résultat six mois plus tard : le trafic a baissé de 40 à 50 % ! Oui, ça a marché, il a blousé l'application. En ralentissant volontairement le trafic, il a été plus malin que l'appli antibouchons.

Il faut dire que depuis quelques années la démocratisation de ces GPS, type Waze, mais aussi TomTom ou encore Coyote, a complètement bouleversé notre façon de prendre le volant. Dans l'habitacle, terminés les tubes de Johnny sur Chérie FM ou RTL ; non, maintenant résonne cette voix mécanique au ton saccadé qui dit : « Au prochain rond-point prenez la… troisième sortie… Dans… 50 mètres tournez à gauche… Vous entrez dans une zone de contrôle… » Alors, ça vous rappelle peut-être votre prof d'auto-école sauf que votre GPS n'est pas là pour vous apprendre à conduire mais bien pour vous faire gagner du temps. Une aubaine, ce gain de temps. Surtout quand on sait grâce à une étude d'EasyPanel pour Enterprise[1] que 80 % des Français sont impatients dans les bouchons. En même temps, la vraie info c'est qu'il y a donc quand même 20 % des gens qui ne s'impatientent pas dans les bouchons ! Qui sont ces 20 %, quel est leur secret ?

Bref, ce n'est pas le sujet. Le sujet, ce sont ces GPS intelligents qui nous font éviter les embouteillages. Ils sont d'ailleurs tellement efficaces que nous sommes plus de 10 millions de Français à utiliser l'application Waze chaque mois. Mais qu'il s'agisse aussi de TomTom, Coyote ou Garmin, tous ces systèmes sont là pour signaler embouteillages, radars ou encore travaux en temps réel grâce à la participation des utilisateurs. Des systèmes équipés d'algorithmes intelligents qui, en cas de pépin sur votre route, vous proposent des chemins alternatifs pour arriver plus vite à destination. Ils connaissent toutes les routes

1. https://www.autoplus.fr/actualite/Embouteillages-Impatience-Entreprise-Easypanel-France-1526230.html.

et toutes les rues mieux que n'importe quel cartographe et sont capables de recalculer votre temps de trajet plus vite que Cédric Villani. Des génies. Les meilleurs guides qui soient. Autant les suivre aveuglément. D'ailleurs, grâce à eux je me suis aperçu que le chemin que j'emprunte toutes les semaines depuis plus de dix ans pour aller chez mes beaux-parents n'était en fait pas le plus rapide. Le plus simple peut-être, le plus direct certainement, mais pas le plus rapide. Ils sont forts ces GPS, en me faisant tourner à droite deux rues plus tôt, puis à gauche dans ce que je croyais être une impasse, puis faire le tour derrière le supermarché et en passant par la toute petite rue de la boulangerie, je gagne quand même 2 minutes sur mon trajet habituel. Youpi ! Alors oui, ces systèmes de navigation sont sacrément efficaces, et même sacrément intelligents… Enfin quand tout va bien !

Je ne vous ferai pas ici l'affront de vous raconter dans le détail toutes ces fois où des conducteurs suivant leur GPS aveuglément se sont retrouvés dans un port, au fond d'un lac ou même dans les escaliers du métro en pensant entrer dans un parking. Je ne vous raconterai pas non plus l'histoire de cette Belge de 67 ans qui avait 140 kilomètres à faire pour se rendre dans une gare de Bruxelles et qui s'est retrouvée à 1 300 kilomètres de là, à Zagreb en Croatie. Elle a juste dit que, distraite, elle a suivi les indications de son GPS sans trop se poser de questions. Tu m'étonnes ! Donc nous n'analyserons pas ces histoires rocambolesques car elles restent tout de même anecdotiques et, si elles mettent en valeur certaines limites de la technologie, erreurs de cartographie, de configuration, de mise à jour, elles montrent surtout que l'homme peut être encore plus bête que la machine, et ça c'est beaucoup trop anxiogène comme constat ! Car il faut quand même reconnaître que, si votre navigateur vous dit d'aller tout droit alors que vous êtes sur le quai d'un port au bord de l'eau et que vous y alliez quand même, on ne peut plus faire grand-chose pour vous.

Il est en fait beaucoup plus amusant de constater les effets pervers de ces appareils. Car comme tout le reste, on les dit intelligents mais, en fait, ils ne le sont finalement pas tant que ça.

En se contentant de réaliser des calculs d'itinéraires de façon bête et méchante, ils poussent les communes à bout. Et le cas de Lieusaint raconté précédemment n'est pas isolé. Meudon dans les

Hauts-de-Seine, Compiègne dans l'Oise, Sainghin-en-Mélantois dans le Nord, on ne les compte plus, les communes subitement devenues des itinéraires *bis*. Un ras-le-bol à l'échelle mondiale.

En 2017 en Belgique, le journal *L'Écho*[1] expliquait qu'« un groupe de bourgmestres de petites communes de la périphérie de Bruxelles et d'Anvers ont adressé, par voie de presse, une lettre au ministre flamand de la Mobilité, Ben Weyts (N-VA), afin qu'il entreprenne quelque chose contre ces invasions de plus en plus fréquentes de voitures et de camions dans des zones réputées tranquilles ».

Aux États-Unis, raconte *20 minutes*[2], « la petite ville de Leonia a carrément décidé de fermer à la circulation une soixantaine de ses rues de 6 à 10 heures du matin et de 16 à 21 heures. La raison est simple : située à quelques centaines de mètres d'une autoroute, la commune se voyait envahie de

1. https://www.lecho.be/economie-politique/belgique/general/waze-l-application-de-trafic-en-temps-reel-qui-pourrait-creer-le-chaos-sur-les-routes/9957173.html.

2. https://www.20minutes.fr/high-tech/2193971-20171227-quand-waze-devient-fleau-petites-villes-americaines.

véhicules aux heures de pointe ». D'ailleurs, vous aussi, sans le savoir, après deux ou trois disputes avec votre copilote parce qu'il ou elle n'avait pas vu qu'il fallait prendre la deuxième et pas la troisième à droite, bref, vous lui avez dit quelque chose du genre « C'est dingue, je ne serais jamais passé par là, t'es sûr que c'est le bon chemin… », étonné de vous retrouver en plein centre d'un charmant petit village par lequel vous ne seriez certainement jamais passé sans votre appli magique.

Pire encore, ces applis ne vous feront pas forcément gagner du temps. Et là on repense au slogan de Waze : « Battons le trafic ensemble. » Eh bien, on va le battre le trafic ! Sauf que parfois, grâce à Waze et ses amis c'est plutôt le trafic qu'on aide à nous battre. C'est en tout cas le résultat d'une étude édifiante réalisée par des chercheurs de l'université de Berkeley en Californie. Via une simulation informatique, ils ont imaginé un bouchon classique sur une autoroute. Un peu comme quand vous avez la bonne idée de prendre la route du Sud le week-end du 15 août. Une partie de l'autoroute est donc bloquée par un incident pendant 45 minutes. Dans le scénario imaginé par les chercheurs, 20 % des automobilistes circulent avec une application antiembouteillages. Comme vous l'auriez sans doute fait, écoutant les conseils de leur GPS intelligent, ils s'engouffrent rapidement vers la première sortie d'autoroute afin d'éviter l'incident. Sauf que la petite bretelle de sortie, elle n'est pas faite pour accueillir autant de véhicules. Et l'itinéraire *bis*, avec ses ronds-points, ses carrefours, ses feux de signalisation, n'est pas adapté à absorber un tel trafic. On voit aussi d'autres embouteillages se former à cause des changements d'itinéraire à tel point que, quand l'incident de départ sur l'autoroute est résolu et que la situation revient à la normale, certains se retrouvent encore bloqués sur l'itinéraire de délestage. Victime du succès des applis antibouchons, l'itinéraire de délestage se retrouve saturé et le reste plus longtemps que l'autoroute ! Au lieu de gagner du temps, vous avez fini par en perdre. En fait, si trop de personnes utilisent en même temps les applications antiembouteillages, elles risquent de créer… des embouteillages. Le seuil critique est estimé dans cette étude révélée par le site américain *The Atlantic*[1] à 20 %. En gros, si une voi-

1. https://www.theatlantic.com/technology/archive/2018/03/mapping-apps-and-the-price-of-anarchy/555551/.

ture sur cinq autour de vous utilise une appli GPS pour contourner un embouteillage, les effets positifs sont annulés et vous risquez plus de perdre du temps que d'en gagner.

En se contentant d'accumuler des données brutes et de les retranscrire directement, sans aucune capacité à réfléchir aux conséquences, le logiciel antiembouteillages finit par se piéger lui-même, et vous entraîne dans sa chute…

Une chose reste à peu près certaine, les applis antibouchons ne sont pas près de faire disparaître les bouchons, et malgré ce qu'annoncent certains constructeurs, la voiture autonome non plus. Enfin, pas tout de suite. Pas tant qu'elle partagera la route avec des véhicules à conducteurs humains. Dans une étude menée par le Forum économique mondial et The Boston Consulting Group[1], l'apparition et le développement des voitures autonomes causeront même une augmentation des embouteillages, notamment en ville. En fait, avec la démocratisation des véhicules sans conducteur, leur mise à dispo-

1. https://www.frandroid.com/produits-android/automobile/514413_une-etude-prevoit-plus-dembouteillages-en-ville-a-cause-de-la-voiture-autonome.

sition en libre-service à l'image d'Autolib ou de Vélib, nous serons de moins en moins nombreux à prendre les transports en commun. En ville, selon cette étude, le trafic augmenterait théoriquement de 5,5 % ! Il faudra donc continuer de composer avec le trafic et surtout percer d'urgence le secret de ces 20 % de Français qui ne s'impatientent pas dans les embouteillages. L'objet d'un prochain livre sans doute.

11

La cyberpervenche et l'avocat robot

C'est un peu devenu le nouveau sport national à Marseille : c'est à celui qui réussira le mieux à caler sa feuille de platane pile poil au bon endroit sur sa plaque d'immatriculation. Il faut la fixer sur l'un des numéros en faisant en sorte que ça ait l'air naturel. Il faut qu'on ait l'impression que, balayée par le vent, la feuille de platane se soit coincée naturellement. Mais à quoi jouent ces Marseillais ? Que font-ils ? Eh bien, ils essaient de piéger la « sulfateuse » en étant plus malins qu'elle. Oui, la « sulfateuse », surnommée aussi la « voiture vampire », vous ne la connaissez pas ? Pourtant vous en avez peut-être vous aussi été la victime. Car les « sulfateuses » sont partout. Elles sillonnent de plus en plus de villes en France. Ces voitures dernier cri, bardées de nouvelles technologies, distribuent les PV de stationnement à la pelle, en quantité industrielle, d'où leur surnom. En fait, ces véhicules sont équipés du système LAPI (Lecture automatique de plaques d'immatriculation) qui détecte les plaques des resquilleurs. Grâce à deux caméras qui scannent les plaques d'immatriculation, l'ordinateur central repère les plaques en infraction. En fait, au moment de payer votre stationnement de manière électronique, vous avez entré le numéro de votre plaque d'immatriculation. Le système sait donc quand vous avez payé et jusqu'à quand vous pouvez stationner légalement. Une fois repéré par la sulfateuse, *game over*. La voiture est ainsi capable de scanner 12 000 plaques par jour, bien plus donc que n'importe quelle armée de pervenches sillonnant les rues. Sauf que, si une pervenche n'arrive pas à lire un numéro d'immatriculation à cause d'une feuille de platane, elle l'enlève, alors que la sulfateuse et ses caméras, elle, ne fait que passer sans pouvoir verbaliser ! Malins donc, les Marseillais. Malins mais hors-la-loi car après tout, si la technologie permet de verbaliser des gens qui sont vraiment en infraction, pourquoi pas ? Il n'y a pas de raison de s'y opposer. Au contraire, on devrait plutôt se réjouir de cette avancée technologique au service de plus de justice, que diable !

Le problème, c'est que confier la gestion du stationnement et des PV à des ordinateurs, c'est tout de même très risqué.

Demandez plutôt à Carmela, une Marseillaise de 75 ans dont les déboires ont été relatés dans *La Provence*[1]. Carmela paie son stationnement. Enfin, elle essaie. Un jour, l'horodateur, en bas de chez elle, a décidé de ne plus accepter son numéro d'immatriculation. Elle tente tant bien que mal d'entrer les chiffres et les lettres, paye, mais ça ne marche pas. L'horodateur ne veut rien savoir, sur le ticket qu'il lui délivre (car il lui délivre quand même un ticket) en guise de numéro de plaque il est écrit – ce n'est pas une blague, « BUG ». Elle tente alors de prévenir la société de gestion, qui reste injoignable. Pendant ce temps-là, la sulfateuse (de son vrai nom la Scancar), elle, ne chôme pas et les problèmes de parcmètre de Carmela, elle s'en fiche comme de son premier PV. Elle ne reconnaît pas la plaque, elle aligne. C'est comme ça. Et que Carmela ait payé ou pas,

1. https://www.laprovence.com/article/edition-marseille/4878122/a-75-ans-carmela-recoit-21-pv-en-seulement-2-mois.html.

ce n'est pas son problème. Résultat, 21 PV en deux mois ! La vieille dame a décidé de faire appel et a reçu comme seule réponse : « Il ressort de l'instruction de votre recours qu'une erreur a été commise lors de la saisie de la plaque d'immatriculation à l'horodateur. » Merci mais ça, elle le savait déjà !

Et les bugs de ce type se sont multipliés pendant des mois à Marseille. Certains se sont fait verbaliser par la voiture vampire alors qu'ils étaient en train de réaliser leur créneau ! Forcément ils ne pouvaient pas encore avoir payé leur stationnement puisqu'ils n'étaient pas encore garés ! Sans parler de ces milliers de PV dressés par erreur pendant les trois premiers mois de l'année 2018 à cause d'un problème de synchronisation entre le paiement du stationnement et le passage de la sulfateuse !

À Metz, on a constaté des problèmes de géolocalisation des applis pour régler le stationnement. Vous allez dans l'application, vous payez, vous pensez être tranquille mais vous finissez quand même par recevoir un PV ! En fait, l'appli vous a géolocalisé dans un autre secteur où ce n'est pas forcément le même tarif de stationnement. Aux yeux de la machine, vous n'avez pas payé assez.

Vous passez pour un resquilleur et vous êtes verbalisé.

À Paris c'est Streeteo, l'un des prestataires de la Mairie de Paris en charge de contrôler le stationnement qui s'est fait épingler par *Le Canard enchaîné* pour des faux contrôles de stationnement.

L'informatisation du PV nous ferait presque regretter les pervenches. Et comme aux grands maux les grands remèdes, pour contrer la cyberpervenche il existe aussi… le cyberavocat ! Ben oui, tant qu'on y est, à quoi bon s'en priver ? Lui aussi, comme la sulfateuse, il conteste à la pelle, en quantité industrielle.

Le premier à être apparu sur le marché s'appelle DoNotPay, qui signifie « Ne payez pas », tout simplement. En 2016, DoNotPay avait déjà réussi à faire annuler 160 000 amendes au Royaume-Uni et à New York, pour un montant total de 4 millions de dollars ! Au départ, il n'était configuré que pour les lois concernant le stationnement en Grande-Bretagne et à New York. Son créateur, étudiant à Stanford aux États-Unis, Joshua Browder, explique que son robot atteint 64 % de réussite dans la contestation. En fait, le système est assez simple. Sur le site, vous choisissez parmi une dizaine de raisons susceptibles de rendre l'amende injustifiée. Il y a plusieurs cases comme « informations incorrectes sur le PV », « voiture volée » ou « vendue avant la date »... Après avoir rempli le formulaire, DoNotPay fait tout seul le lien entre vos choix et les articles de lois qui correspondent à votre cas, il en sort un courrier type que vous n'avez plus qu'à imprimer et à envoyer. Magique ! Et ça marche tellement bien qu'en 2018, comme le raconte le site américain The Verge[1], DoNotPay, devenu une application sur smartphone, s'est très largement diversifié. Il fonctionne désormais dans cinquante États américains, et peut aussi rédiger des lettres de contestation en cas de retard d'avion, vol de données, frais bancaires abusifs... Mais évidemment, il fallait bien que ça dérape. DoNotPay a un nouveau slogan pour son application smartphone : « Sue Anyone By Pressing a Button » qui signifie « Poursuivez en justice n'importe qui en appuyant sur un bouton ». Une perspective, qui,

1. https://www.theverge.com/2018/10/10/17959874/donotpay-do-not-pay-robot-lawyer-ios-app-joshua-browder.

vous en conviendrez, fait tout de même froid dans le dos !

Alors en France, nous n'en sommes pas encore là mais nous avons aussi notre cyberavocat pour contester les PV. C'est LegaBot. Pour 9,96 euros, il s'occupe de votre argumentaire de contestation. C'est *grosso modo* le même modèle de fonctionnement que DoNotPay sauf que, si le robot ne trouve pas de faille légale pour défendre votre cas, un avocat, un vrai je veux dire, vous contactera dans les 24 heures et tentera de résoudre votre dossier. Finalement, la tablette n'a pas encore complètement remplacé le prétoire. Pour l'instant.

12

Le faux ami de l'écologie

Je vous ai parlé de mes enfants accros au smartphone, de mon copain intoxiqué à Tinder, mais je m'aperçois que je ne vous ai pas encore parlé de ma copine engagée. Ma copine engagée, je la connais depuis le lycée. Je l'adore ! Elle est belle, drôle, sympa et donc... engagée. Son combat c'est la pollution, le plastique, la malbouffe. Elle est dans l'air du temps, dans le sens de l'histoire, « *Make our planet great again* », disait le président Macron. Elle est sincère et surtout elle n'oblige pas ses amis pas engagés, comme moi, à faire comme elle. Elle ne juge pas, elle n'impose pas mais elle essaie de convaincre et elle agit. Elle fabrique elle-même sa lessive, son shampoing, son déodorant, elle évite d'acheter des vêtements neufs, n'a pas de bouteilles en plastique, de pailles, ne mange presque plus de viande... Elle n'a pas de voiture, privilégie le train, elle mange bio, de saison, elle est locavore, bref, vous voyez le topo, elle s'efforce d'être le plus cohérente possible avec ses idées. Sauf que pour convaincre, pour se faire entendre, ma copine engagée, elle utilise… l'ordinateur. Ben oui, en même temps elle ne vit pas non plus dans une caverne au milieu des bois et elle aurait tort de se priver de la puissance des moyens de communication modernes pour propager ses idées qui sont, je le répète, ô combien louables. Internet, les réseaux sociaux comme Instagram, les mails, tout y passe. Via son smartphone ou son MacBook, elle explique comment fabriquer soi-même sa lessive pour éviter d'acheter des produits polluants et du plastique, elle donne la recette de son déo fait maison, distille de bonnes adresses pour se fournir en légumes de saison et là, on est en plein paradoxe. Car en voulant sauver la planète, bien involontairement, elle contribue à sa destruction ! C'est un peu la fable de l'ordinateur et de l'écologie.

D'un côté, quoi de plus efficace que le numérique pour communiquer, mais de l'autre, quoi de plus polluant qu'un ordinateur, que les serveurs qui stockent les messages, que les réseaux qui permettent de les propager ? Internet consomme à lui seul 7 à 10 % de l'énergie mondiale ; s'il était un pays, il serait même le troisième plus gros pollueur du monde juste derrière la Chine et les États-Unis[1]. En 2019 le numérique représente à lui seul 2 % des émissions de gaz à effet de serre, soit 1,5 fois plus que le transport aérien ! Pire, en 2025, il devrait atteindre l'équivalent de tout le transport routier sur la planète. Ces chiffres hallucinants peuvent vous paraître un peu trop abstraits, nous allons donc prendre un exemple plus parlant. Après avoir lu ça[2], vous ne devriez plus regarder vos mails de la même façon. En une journée, un arbre absorbe 10 grammes de CO_2. Eh bien, sachez que selon l'Ademe (Agence de l'environnement et de la maîtrise de l'énergie) chaque mail qui traîne dans votre messagerie émet à lui seul 10 grammes de CO_2 tous les ans ! Absorber la pollution d'un seul mail, c'est le travail d'un arbre pendant toute une journée. Chaque fois que vous appuyez sur le bouton « recherche » de Google,

1. http://www.rfi.fr/france/20180801-journee-depassement-pollution-numerique-co2-Internet-cleanfox-courriels.

2. https://oecko.com/consommation-energetique-tour-dhorizon-sur-la-pollution-numerique/.

c'est 5 à 7 grammes de CO_2 que vous générez. Vous faites combien de recherches par jour sur Google, vous ?

Allez, un dernier exemple pour la route : quand vous passez une heure à regarder une vidéo sur votre téléphone, vous consommez autant d'électricité… que votre réfrigérateur pendant un an !

Et puis pour envoyer des mails, utiliser Internet, il faut du matériel. Et ça aussi, ça pollue. Pour fabriquer votre tablette, votre smartphone ou votre ordinateur, il faut 16 fois son poids en matériaux. Des ressources naturelles non renouvelables, parfois très rares, aux méthodes d'extraction et de traitement souvent très polluantes. Cobalt, étain, coltan, derrière ces métaux se cachent des drames écologiques et humains. Inès Leonarduzzi, fondatrice de l'ONG Earth Project Digital for the Planet, alerte et tente d'ailleurs de sensibiliser sur la pollution numérique[1]. Elle raconte notamment comment les déplacements de population au Congo pour extraire le coltan, que l'on retrouve dans nos smartphones, ont pro-

1. https://leprescripteur.prescriptionlab.com/ines-leonarduzzi-alerte-sur-pollution-numerique/.

fondément modifié l'écosystème et la vie locale. Selon elle : « On a tous du sang sur les mains quand on tient nos iPhones. » Un peu extrême comme position, mais ça a le mérite de faire réfléchir.

Enfin, si vous ajoutez à cela l'obsolescence programmée, vous vous retrouvez avec environ 60 millions de tonnes de ces appareils jetées chaque année et seulement 5 % de leurs composants réutilisés ou reconditionnés ! Et ce désastre économique du numérique, on a parfois l'impression que les défenseurs de la planète l'oublient ou l'ignorent.

Au début de l'année 2019, vous vous souvenez certainement du barnum autour de « L'Affaire du siècle », quand quatre associations – Notre Affaire à Tous, la Fondation Nicolas Hulot pour la nature et l'homme, Greenpeace France et Oxfam France – ont décidé, au nom de l'intérêt général, d'attaquer l'État français en justice pour qu'il respecte ses engagements climatiques. Pour faire connaître leur action, ces associations ont tout misé sur… le numérique. Clips vidéo diffusés en masse sur les réseaux sociaux, pétition… en ligne évidemment… sans oublier la présence de stars.

Juliette Binoche et Marion Cotillard bien sûr, mais aussi, pour sensibiliser les plus jeunes, des YouTubeurs. Vous savez, ces stars d'Internet qui fabriquent des centaines d'heures de vidéos sur le Web et qui sont regardés à leur tour des millions de fois, ces stars rémunérées au nombre de clics et au nombre de vues, et dont le métier est de générer le plus de trafic possible sur le Net. Les organisateurs, avant de déposer plainte contre l'État, se félicitaient d'avoir obtenu plus de 2 millions de signatures pour leur pétition en ligne. Véritable succès populaire et médiatique, la campagne de communication a très bien marché, mais le bilan carbone alors ? Ben oui, entre les milliers d'heures de vidéos sur le Net, les mails envoyés en masse, les clics de la pétition... pour sauver les arbres, il a fallu en abattre un paquet !

Alors forcément, quand on lit tout ça, on se dit que ma copine engagée, au final, elle fait beaucoup d'efforts pour pas grand-chose. On se dit qu'en ayant posté sa technique pour faire sa propre lessive sur Instagram elle a certainement plus pollué que si elle était allée acheter des packs d'Ariel en plastique pendant un an ! Mais elle ne perd pas espoir et elle a raison. Oui, car des solutions existent.

Après tout, on ne va pas renoncer au numérique sous prétexte qu'il pollue. Et on ne va pas non plus se faire imposer quoi que ce soit par l'ordinateur.

Vous avez peut-être déjà entendu ces mots : « cleantech », « greentech ». Derrière ces anglicismes se cachent en fait des entrepreneurs qui pensent que, paradoxalement, ce sont justement les nouvelles technologies qui permettront la transition écologique. Tout l'inverse de ce que je viens de vous expliquer, en fait. Et dans un sens, ils n'ont pas complètement tort. Grâce aux appareils dits « intelligents », on optimise sa consommation énergétique, on améliore la gestion de l'eau et des déchets, les nouvelles technologies permettent par exemple de mieux gérer les éclairages publics, la qualité des eaux, on crée de nouveaux matériaux moins polluants. De plus en plus de data centers, vous savez, ces endroits où l'on stocke les données numériques qu'il faut climatiser en permanence, sont désormais refroidis par géothermie, d'autres réutilisent la chaleur dégagée par les machines pour chauffer des bâtiments d'habitation. C'est le cas à Grenoble notamment. Tout cela est porteur d'espoir. Même si ça ne suffit clairement pas – sinon ce chapitre n'existerait pas –, ça peut aider ! Mais, au final, la vraie solution réside, comme chaque fois, chez l'humain. Comme toujours face à la machine, c'est nous qui avons la clef. C'est l'utilisateur derrière l'ordinateur qui décide, jamais l'inverse. C'est par exemple ce que met en avant The Shift Project[1], un cercle de réflexion sur la transition énergétique, dont le concept de « sobriété numérique » propose notamment d'acheter moins d'équipement informatique. En France, on change d'ordinateur, de téléphone ou de tablette en moyenne tous les 18 mois. Une folie ! À nous également de prendre conscience qu'il existe un marché du smartphone d'occasion, reconditionné, qui fonctionne de mieux en mieux. À l'Humain de vider la corbeille de sa boîte mail, de se désinscrire des newsletters qu'il ne lit jamais, de ne pas laisser son ordinateur en veille quand il quitte son bureau, de télécharger un film plutôt que de le regarder en streaming. Des gestes simples du quotidien qui, avec une bonne communication, finiront par

1. https://theshiftproject.org/article/pour-une-sobriete-numerique-rapport-shift/.

devenir aussi naturels que de ne plus jeter ses déchets directement dans la rue comme on pouvait encore le faire il y a deux siècles, des gestes qui deviendront aussi évidents que de ne pas laisser couler l'eau du robinet pour nous aujourd'hui.

13

Pas toujours OK Google

C'est l'hiver, votre voiture ne démarre pas et là vous vous mettez à lui parler : « Allez, démarre… démarre… DÉMARRRRRRE ! », puis vous finissez quand même par vous rendre compte que vous êtes en train de parler à votre voiture et que c'est assez peu productif. Et surtout que vous avez l'air très con. Oui, car parler à un objet, c'est idiot. Et pourtant, c'est une action que nous risquons de faire de plus en plus et de plus en plus souvent. La faute aux assistants vocaux. Ces enceintes connectées devenues le nouvel enjeu stratégique des géants du numérique. Google, Apple, Amazon, ils sont tous positionnés sur le secteur. Début 2019, Amazon déclarait d'ailleurs que son haut-parleur intelligent Echo Dot était son produit le plus vendu dans le monde lors des dernières fêtes de fin d'année. Les assistants vocaux nous envahissent pour de bon. Fin 2018, plus d'un milliard d'humains sur terre déclarait en utiliser un régulièrement[1]. En France[2], nous étions, à ce moment-là, déjà 1,7 million à commencer nos phrases par « OK Google » ou « Alexa ».

Oui parce que c'est comme ça que ça marche, les assistants vocaux. Vous prononcez les mots magiques « Alexa » ou « OK Google » au début d'une phrase, l'enceinte vous écoute et vous répond. « Alexa, allume RTL » et elle met RTL ; « OK Google, quel temps fait-il aujourd'hui ? » et l'enceinte vous donne la météo. C'est rapide, direct, instantané, et tout passe par la voix. En gros, l'enceinte fait une recherche Internet à votre place. Au lieu d'aller vous-même consulter un site météo, vous demandez à votre assistant de le faire. Alors évidemment c'est pratique et même révolutionnaire car si vous faites vos courses sur Internet par exemple, vous pouvez aussi demander à votre enceinte de s'en charger à votre place. Vous lui dites par exemple que vous voulez la même liste que celle que vous avez enregistrée la

1. https://hubinstitute.com/2018/retail/chiffre-voice-vcommerce-smartspeaker.

2. https://www.mediametrie.fr/fr/plus-d17-million-dutilisateurs-denceintes-commande-vocale.

fois précédente et elle passe la commande pour vous ; elle peut aussi faire vos réservations, gérer votre emploi du temps en vous rappelant vos rendez-vous du jour. Bref, c'est comme un assistant humain, mais c'est une machine connectée à Internet. Et c'est bien ça le problème : vous faites entrer chez vous, au cœur de votre foyer, dans votre espace le plus intime, un objet capable de tout enregistrer et de tout diffuser à la planète entière sans le moindre discernement.

Scénario catastrophe, science-fiction, paranoïa ! Eh bien, pas du tout. Prenez par exemple ce couple vivant en Arizona et heureux propriétaire d'une enceinte connectée d'Amazon. Comme le raconte *Le Figaro*[1], en juin 2018 ils ont eu le plaisir de découvrir qu'une de leurs conversations avait été enregistrée à leur insu par l'enceinte dite intelligente. Tellement intelligente, l'enceinte, qu'elle a ensuite envoyé la conversation privée à une connaissance, dont le numéro de téléphone faisait partie de leur liste de contacts. Une histoire

1. http://www.lefigaro.fr/secteur/high-tech/2018/05/25/32001-20180525ARTFIG00236-une-enceinte-d-amazon-enregistre-la-conversation-d-un-couple-puis-la-partage-par-erreur.php.

qui paraît invraisemblable mais qui a pourtant été confirmée par Amazon. Alors pas de panique, le créateur d'Alexa explique qu'elle ne vous enregistre pas à votre insu, que ce n'est pas un espion. Bon, jusqu'ici on n'a pas vraiment d'autre choix que de croire la marque américaine, qui a une explication pour ce qui est arrivé aux gens d'Arizona. Et là, accrochez-vous bien, c'est savoureux. En fait, lors de la discussion du couple, un mot ressemblant à « Alexa » aurait été prononcé et c'est ça qui aurait déclenché l'enceinte. Pas de bol, quand même… L'enceinte aurait donc commencé à enregistrer la conversation comme chaque fois que vous lui parlez. Mais ce n'est pas fini, alors que le couple continuait de discuter, l'enceinte a cru entendre « envoyer le message »… Re-pas de bol, quand même… Et le pompon, pour finir, c'est qu'évidemment, toujours au cours de la discussion, l'enceinte a cru entendre le nom du contact à qui le message a été envoyé… Explication un poil tirée par les cheveux, vous en conviendrez. Amazon a tout de même reconnu qu'il y avait un bug, mais que jamais au grand jamais les conversations que vous pouviez avoir n'étaient enregistrées « à l'insu de votre plein gré ». L'enregistrement ne se déclenche que si vous avez prononcé les mots magiques « Alexa » ou « OK Google »…

Fin 2017, c'est d'ailleurs l'enceinte connectée de Google, la Google Home Mini, qui est accusée d'avoir espionné ses utilisateurs. Là aussi, la faute au fameux bug. C'est vrai que, depuis, ces assistants se sont perfectionnés et qu'il y a, paraît-il, de moins en moins de failles de sécurité. Néanmoins leur présence, de plus en plus massive dans les foyers du monde entier, appelle d'autres interrogations. À commencer par l'utilisation de vos données personnelles.

Car officiellement l'enceinte n'enregistre qu'une fois que vous avez prononcé le mot clef. Soit. Mais du coup, quand vous lui demandez de faire vos courses, de vous rappeler vos rendez-vous médicaux, professionnels, vos voyages…, elle sait tout de vous, de vos préférences, de vos habitudes de consommation. N'oubliez pas que vos requêtes vocales restent enregistrées dans le Cloud. Les marques peuvent lire en vous comme dans un livre ouvert et l'enjeu financier est énorme.

Il existe d'ailleurs désormais le V-Commerce. Le V-Commerce, comprenez le *Voice Commerce*, ou

« commerce vocal », est devenu en 2018 le 4e canal de vente dans le monde. Il y a donc l'achat classique en magasin à l'ancienne, le E-Commerce derrière votre ordinateur, le M-Commerce quand vous pianotez sur votre mobile et donc le V-Commerce avec votre voix. Un V-Commerce qui, selon les estimations[1], devrait générer des revenus multipliés par 20 en 5 ans. De 2 milliards de dollars en 2017, il devrait passer à 40 milliards en 2022. Autant vous dire que vous n'avez pas fini de parler à votre enceinte !

Mais peut-être plus surprenant et plus inquiétant encore, avec les assistants vocaux nous modifions nos rapports à l'autre, au monde. Car figurez-vous que le concept de parler à un objet, d'entretenir une conversation avec lui, de lui passer des ordres en permanence n'est pas sans conséquences.

Direction les États-Unis où les assistants vocaux se sont implantés depuis déjà plusieurs années. Là-bas, certains commencent à se préoccuper de l'influence d'Alexa et de ses amis sur leur famille. Et sur leurs enfants notamment. Comme

1. https://hubinstitute.com/2018/retail/chiffre-voice-vcommerce-smartspeaker.

l'explique le blogueur américain Hunter Walk[1] : « Echo d'Amazon est magique. J'ai aussi peur que cette enceinte soit en train de transformer notre fille en une véritable sale gosse, parce que "Alexa" tolère les mauvaises manières. » Et ça, c'est le nœud du problème des assistants vocaux à la maison. Vous ne leur parlez quasiment qu'à l'impératif, et vos enfants aussi. Puis vos enfants, qui ont plus de mal à tracer une frontière nette entre l'humain et la machine, finissent par parler à tout le monde comme ils parlent à l'enceinte connectée, en donnant des ordres !

En France, le journaliste spécialisé dans le numérique Fabien Soyez a fait sensiblement le même constat et raconte avec humour comment l'assistant vocal qu'il a installé chez lui a modifié la façon de parler de sa fille[2] : « Elle a fini par se mettre à lancer, à tout bout de champ, des "OK Google, mets Elvis" ou des "OK Google, baisse le son".

---

1. https://www.inc.com/linkedin/hunter-walk/amazon-echo-magical-its-also-turning-my-kid-asshole-hunter-walk.html.

2. https://www.cnetfrance.fr/news/ok-google-les-assistants-vocaux-rendront-ils-nos-enfants-paresseux-39881047.htm.

Même quand elle se trouvait dehors, en voiture, dans sa poussette… Quand elle a commencé à dire “OK, doudou”, “OK, manège” et “OK Google, biscuit au chocolat”, je me suis dit qu’il fallait tout arrêter. » Tranche de vie à la fois fascinante et digne d’un film de science-fiction. Un peu comme si le « OK Google » était le nouvel équivalent de « merci », un peu comme si commencer une phrase par « Alexa » donnait accès à tout. Les assistants vocaux seraient désormais en train de créer des générations d’enfants mal élevés et paresseux ! Oui, paresseux aussi, puisque au lieu de chercher une information ils n’ont qu’à la demander à leur esclave numérique corvéable à merci. Un esclave censé avoir réponse à tout puisque connecté à Internet, ce puits sans fond de tous les savoirs.

Alors évidemment, toujours soucieux de leur image et fidèles à leur objectif de s’immiscer dans tous les foyers de la planète, les géants du Web ont senti le vent de la révolte. Ils se sont inquiétés de l’usage que pouvaient faire les enfants des assistants vocaux. Amazon a donc voulu rectifier le tir, sauf qu’en réalité ce n’était peut-être pas une si bonne idée que ça. Car la firme de Jeff Bezos a lancé en mai 2018 un mode « Echo Dot Kids » pour apprendre aux enfants à être plus polis. Un assistant personnel spécialement adapté aux plus jeunes, avec une fonction « mot magique » pour les obliger à dire « s'il te plaît » et « merci » quand ils s'adressent à leur assistant. À première vue, on se dit que cela rendra les enfants plus polis, mais, en fait, cela pousse surtout à acheter un assistant personnel supplémentaire, spécialement pour l'enfant. Sérieusement ? Une espèce de super-nounou électronique à qui il peut, par exemple, demander une histoire le soir avant de se coucher. Amazon habitue ainsi les enfants, dès leur plus jeune âge, à ce qu'un objet leur réponde au doigt et à l'œil, enfin, à la voix surtout. Et si on a désormais pris conscience du danger des écrans pour les plus petits, on se dit qu'il faudra bientôt aussi penser à les protéger des assistants vocaux.

D'ailleurs, grâce à la technologie triomphante, on a même tendance à cumuler les deux : voix + écran. Avec les appels visio type Face Time, Skype… c'est fromage ET dessert. Quelle joie pour les parents de voir leur progéniture en vacances chez les grands-parents et discuter matin et soir avec eux. Quel bonheur pour Maman en déplacement professionnel de faire une visio-conférence avec Papa et le petit dernier resté à la maison. Mais l'enfant, il en pense quoi, lui ? À deux ou trois ans, est-il capable de comprendre ce qu'il se passe ? Il voit l'un de ses deux parents, il l'entend, il comprend qu'il s'adresse à lui, mais sur un écran. Si vous en faites vous-même l'expérience, vous vous apercevrez peut-être qu'il ne réagit pas si bien que ça. C'est d'ailleurs ce qu'a pu constater la psychiatre Corinne Ehrenberg interrogée par LCI[1] : « J'ai l'expérience d'un enfant très "désarçonné" par une conversation Skype, angoissé par le simple fait de voir sa mère sur un écran d'ordinateur. Le fait qu'elle s'anime, qu'elle parle et qu'elle lui parle, ne semblait pas du tout le contenter ni le rassurer. » Dans ce même article la psychanalyste et philosophe Elsa Godart, spécialiste du numérique, avance une explication à ce malaise : « L'enfant de 2, 3 ans perçoit bien l'image de la personne aimée sur l'écran, il la reconnaît, mais cette image créera un manque, le laissera désemparé tant elle sera morbide pour lui, sans odeur, sans goût, sans contact… L'enfant ne peut pas

1. https://www.lci.fr/famille/skype-facetime-whatsapp-les-appels-video-sont-ils-vraiment-adaptes-pour-les-enfants-2117461.html.

enserrer, attraper, toucher, embrasser... » Au lieu de réconforter on créerait de la frustration. Une frustration encore accentuée par la fin de la conversation, nette, directe, avec une image de l'être aimé qui disparaît en une fraction de seconde. « Quand on raccroche, il peut s'exprimer chez l'enfant l'angoisse de la séparation, le vertige de l'attente », ajoute la psychanalyste. Alors comme toujours avec ces outils modernes, il faut expliquer, apprendre à gérer et surtout verbaliser. Les conversations vidéo, le cumul voix + écran s'installe peu à peu, va peut-être même finir par devenir la norme, mais pas tout le temps et pas à tous les âges. En fait, là aussi, comme avec les sites de santé dont on parlait dans un précédent chapitre, rien de tel que d'appliquer les conseils du bon Dr Bon Sens pour survivre dans la jungle des outils de communication modernes.

14

Le portable : ménage à trois

Vous êtes dans un bar, un café, un restaurant ? Posez ce livre une seconde et regardez autour de vous. Combien de couples assis face à face sont en train de regarder… leur portable ? Reconnaissez-le, ça vous est déjà arrivé à vous aussi ! Vous êtes en couple quand tout à coup un message, un mail, une notification apparaît sur l'écran de votre smartphone. Là, une envie irrépressible vous pousse à savoir à tout prix ce que contient le message, tout de suite ! Ça ne peut pas attendre une heure ou deux, c'est maintenant ou rien. Du coup, vous regardez. Et puis vous répondez tant qu'à faire, il y en a juste pour… une seconde ! Mais, profitant de ce temps mort, l'être aimé aussi prend son téléphone, regarde l'écran et c'est l'escalade. Vous êtes piégés, vous êtes face à face et vous ne vous regardez plus.

Sombre tableau du quotidien 2.0. Pourtant,

au début d'une relation, qu'est-ce que c'est pratique, un smartphone. Il permet de s'envoyer des petits messages d'amour discrets toute la journée, des photos pour montrer à l'autre qu'on pense à elle ou à lui... C'est mignon tout plein. Ça permet au couple d'entretenir la flamme, c'est une révolution. « La vie change avec Orange », disait le slogan du fournisseur d'accès. Mais elle a peut-être un petit peu trop changé quand même... On est tellement bien connecté avec Orange, Free, Bouygues et compagnie que 7 Français sur 10[1] avouent regarder leur téléphone pendant que leur conjoint leur parle. Une pratique tellement répandue qu'un mot a même été créé pour décrire cette situation insupportable : le « phubbing », contraction de « phone » (téléphone) et de « snub » (snober). Vous avez forcément déjà été victime de phubbing. Vous savez, pendant que vous parlez à une personne, si elle regarde son téléphone, eh bien, elle est en train de vous « phubber » ! Et il y a toujours une bonne raison pour se faire phubber : un message hyper urgent,

1. https://www.journaldugeek.com/2019/02/07/telephones-portables-simmiscent-de-plus-plus-vie-de-couple/.

une super photo qu'on vient de recevoir, un appel déterminant pour l'avenir de l'humanité !

Des chercheurs américains, James Roberts et Meredith David, ont même consacré une étude aux incidences du phubbing au sein du couple[1]. Et sans surprise – n'ayons pas peur des mots –, quand on lit leur conclusion, c'est une catastrophe ! D'après leurs recherches, un phubbing persistant risque carrément de mettre le couple en danger. Car, plus on passe du temps sur son smartphone en présence de son partenaire, plus on risque de s'éloigner de lui. L'autre se sent de plus en plus délaissé, voire carrément jaloux du portable. Un phénomène confirmé par un sondage Ipsos sur les jeunes de 18 à 35 ans vivant en couple[2] : 61 % d'entre eux pensent que leur portable prend une place trop importante dans leur vie de couple. Pire, ils sont 55 % à avouer que le téléphone peut être une source de dispute et pour 23 % d'entre eux peut même conduire à la rupture ! Le pire dans tout ça, c'est que le phubbing

1. https://www.scienceshumaines.com/le-portable-un-tue-l-amour_fr_35672.html.

2. https://www.journaldugeek.com/2019/02/07/telephones-portables-simmiscent-de-plus-plus-vie-de-couple/.

ne serait même plus perçu comme un problème, mais ferait désormais partie intégrante de notre mode de vie, comme l'explique Catherine Lejealle, sociologue du numérique, à BFMTV[1] : « Il est tellement intégré dans nos vies qu'on ne considère même plus ça comme une action. C'est le prolongement de notre main, de notre regard. On ne le sent pas comme une rupture par rapport à l'autre, mais comme si on entend du bruit dehors ou qu'on regarde par la fenêtre. » Après, on peut aussi se dire que c'est parce que le couple ne fonctionne pas si bien que ça que le phubbing est omniprésent dans une relation. Si lors d'un dîner aux chandelles, vous préférez traîner sur les réseaux sociaux plutôt que de parler à la personne qui vous accompagne, c'est peut-être le moment de commencer à se poser des questions.

Certains ou certaines n'attendent d'ailleurs pas d'être victimes de phubbing intensif pour s'en poser, des questions. Ils plongent carrément en cachette dans le smartphone de l'autre histoire de

1. https://www.bfmtv.com/societe/connaissez-vous-le-phubbing-1411298.html.

voir ce qu'il s'y passe. Petit jeu malsain auquel se livre tout de même 1 Français sur 4[1] ! Une proportion encore plus importante chez la gent féminine puisque 1 femme sur 3 avoue avoir déjà fouillé dans le smartphone de son conjoint. D'ailleurs, il n'est pas rare que les magazines féminins se demandent si un couple doit partager ses mots de passe. Chaque fois, après avoir lu l'article, ben on ne sait jamais ce qu'il faut faire. Personne n'est réellement capable de dire quelle est la bonne méthode à adopter, si ce n'est de faire un peu comme vous le sentez.

Et en fouinant dans le portable de l'autre, qu'est-ce que l'on peut bien y trouver ?

Parfois, des messages qui à la base n'ont rien de grave mais qui peuvent, sortis du contexte, attiser la jalousie sans raison valable. Cela devrait pouvoir se régler par une simple discussion. Au contraire, on peut aussi découvrir des messages ou des photos qui laissent peu de place au doute. Dans ce cas, votre portable vous a trahi et sachez,

---

1. http://www.leparisien.fr/laparisienne/magazine/sondage-une-francaise-sur-trois-avoue-fouiller-dans-le-smarphone-de-son-conjoint-26-09-2015-5129435.php.

comme l'explique l'avocate Florence Rault[1], que : « Aujourd'hui, de nombreuses procédures de divorce sont lancées suite à la découverte d'un e-mail ou d'un texto compromettant, considérés par la justice comme une preuve d'adultère depuis 2009 », à condition évidemment que cet e-mail ou ce texto n'ait pas été obtenu de façon frauduleuse. Quoi qu'il en soit, si on en est à se poser ce genre de questions, c'est certain, c'est que le smartphone fait désormais partie intégrante du couple. Oui, nous avons laissé entrer la machine au sein de notre intimité la plus profonde, la plus secrète, et il va falloir composer avec. Le témoignage de la psychothérapeute et sexologue Muriel Grosjean va d'ailleurs dans ce sens. Sur son blog[2], elle témoigne : « Le portable est devenu une source de tension, voire un sérieux rival au sein du couple. Je reçois régulièrement en séance des couples qui s'en plaignent : “Il joue sans cesse sur son portable”, “Elle passe tout son temps à textoter avec ses copines”, “Lorsque l'on

---

1. https://www.femmeactuelle.fr/actu/dossiers-d-actualite/le-portable-ennemi-du-couple-14765.

2. https://muriel-grosjean.com/le-portable-ami-ou-ennemi-du-couple/.

va se coucher, il/elle prend son portable au lit, c'est comme s'il y avait tout le temps quelqu'un entre nous !", "Nous formons un couple à trois : lui, moi et son téléphone portable." » Autant de situations, finalement devenues banales, qui révolutionnent véritablement les rapports humains. Autant de situations, ridicules vues de l'extérieur, dont nous sommes finalement tous devenus les victimes.

Mais dans le monde merveilleux du numérique, pour venir perturber la paix des ménages, il y a encore bien pire que le smartphone… Plus les nouvelles technologies avancent, plus la vie de couple peut en effet ressembler à une jungle.

15

Le couple à l'épreuve du numérique

Mona est une jeune fille de son époque. Comme la plupart des moins de trente ans, elle est hyperconnectée. Facebook, Twitter, Instagram, Snapchat, elle est sur tous les réseaux, et son petit ami aussi. Un jour, alors qu'elle sort de chez le coiffeur, Mona, toute contente de pouvoir montrer au monde sa nouvelle coupe de cheveux, décide de faire un selfie et de l'envoyer dans les limbes d'Internet. Cœurs, pouces levés... les réactions positives de ses abonnés ne tardent pas à arriver. Pourtant, quelque chose va beaucoup énerver Mona. Son petit ami, lui, n'a pas liké la photo de sa nouvelle coupe de cheveux sur Instagram ! Oui, ils vont se disputer parce que monsieur n'a pas mis de cœur sous la photo de madame sortant de chez le coiffeur. Ça peut vous paraître grotesque, mais c'est ainsi. Cette histoire rapportée par le site du Daily Dot[1] illustre à quel point le numérique a entraîné de nouvelles sources de conflits au sein du couple. Comme s'il n'y avait déjà pas assez de raisons de s'engueuler, les nouvelles technologies nous en ont apporté de nouvelles ! À commencer donc par les réseaux sociaux. Le psychothérapeute américain Ian Kerner préconise d'ailleurs de ne carrément pas « être ami » avec son ou sa partenaire sur Facebook ou Instagram. Cela paraît un peu radical mais, selon lui, la présence de votre conjoint(e) sur votre fil d'actualité favorise la jalousie, l'incompréhension, et donc des ressentiments négatifs. Comme le rapporte Slate.fr[2], le psychothérapeute lui-même n'est d'ailleurs plus « ami » avec sa compagne sur Facebook : « Je ne voulais pas du tout de ces données supplémentaires sur sa vie, explique-t-il. S'il y a bien quelque chose que je voulais, c'est moins d'informations. Je voulais du mystère et de l'imprévisible. »

---

1. https://www.dailydot.com/irl/social-media-relationships/.

2. https://www.slate.fr/story/106665/reseaux-sociaux-ennemi-couple ?utm_medium=Social&utm_source=Facebook.

Car Facebook est une sorte de sanctuaire de vieilles photos, de notre « vie d'avant », de vieux messages qui, découverts par l'autre, pourraient être source de conflit. Un peu comme si vous vous baladiez avec les photos de vos ex et leurs messages en bandoulière.

Et puis les réseaux sociaux favorisent aussi le « stalking », sorte d'espionnage 2.0. En gros vous observez, scrutez l'activité de votre partenaire sur les réseaux sociaux et cela peut conduire à des jalousies stupides qui n'auraient finalement pas lieu d'être dans la vraie vie. Imaginez. Votre chérie like plusieurs photos de son collègue Jean-Michel et met un gentil commentaire sous son nouveau statut. Ça vous rend fou et pourtant, si Jean-Michel lui avait montré exactement les mêmes photos au bureau près de la machine à café en lui disant qu'il avait passé des super-vacances, et qu'en rentrant le soir elle vous ait dit : « Tu sais, Jean-Michel m'a montré des photos de ses vacances au Portugal, ça a l'air très beau, il s'est éclaté ! », vous n'auriez pas été jaloux. Au contraire, ça vous aurait peut-être même donné envie de prévoir les mêmes vacances l'année prochaine ! En fait, les réseaux sociaux offrent parfois, et surtout dans la vie de couple, une vision biaisée de la réalité. Bienvenue dans la cyberjalousie, un monde où trop de réseaux sociaux tue l'amour.

Mais même si vous décidez de suivre les conseils de Ian Kerner et de ne plus être « ami » avec votre moitié(e) sur Facebook, ne vous croyez pas sorti(e) d'affaire pour autant ! Car votre couple devra aussi résister à la force du Cloud !

C'est pratique, le Cloud. Une invention fantastique même. Le Cloud, vous en avez certainement un, c'est une sorte de disque dur virtuel qui relie tous vos appareils connectés. En gros, quand vous téléchargez un film ou de la musique sur votre iPhone, vous y avez aussi accès avec vos autres appareils connectés à Internet, comme la tablette familiale ou l'ordinateur de la maison. C'est formidable, sauf si vous avez des choses à cacher. À l'image de celui que nous appellerons M. Juan. Don de son prénom. Lors d'un voyage d'affaires, M. Juan s'est entiché d'une jolie jeune fille. Ils ont commencé à échanger des messages sur leurs smartphones. Sauf que, pendant que M. Juan papillonnait avec sa belle inconnue, Mme Juan, à la maison, voyait en temps réel les messages s'afficher sur sa tablette les uns après les autres. Pas malin, M. Juan, qui n'avait pas déconnecté son téléphone du Cloud, avant de partir. Autant vous dire qu'à son retour, il a reçu un accueil 5 étoiles bien mérité. Pas facile d'être un don Juan à l'ère du numérique.

Un vaudeville 2.0 qui rappelle à quel point les nouvelles technologies poussent à une transparence exacerbée. Car plus que jamais *Big Brother is watching you*. Enfin, Google vous prend en photo.

Vous connaissez Google Maps. Vous tapez une adresse dans le moteur de recherche et vous voyez la rue comme si vous y étiez. Normal, les voitures de Google et leurs caméras à 360 degrés prennent en photo toutes les rues du monde pour une cartographie hallucinante de notre planète qui est donc retranscrite dans Google Maps et Google Street View. C'est tellement pratique pour se repérer, ce Google Street View, qu'en octobre 2018 un Péruvien a utilisé le site pour retrouver son chemin dans les rues de Lima. Et cadeau bonus, il a surtout trouvé, sur l'image de la rue qu'il cherchait, sa femme assise sur un banc en train de caresser amoureusement le visage d'un autre homme[1] ! Même si Google floute les visages des gens pris en photo lors du passage de ses voitures, ce Péruvien est formel, c'est bien elle, Clic clac Kodak, la photo date de 2013. Sa femme a reconnu les faits et le Péruvien trompé n'a pas eu de difficultés à obtenir le divorce.

Mais, allons encore plus loin : vous doutez de votre partenaire. Vous n'avez plus confiance. Vous pensez qu'il ou elle vous trompe. Grâce à la technologie moderne, devenez agent secret. Des logiciels très simples d'utilisation et accessibles à tous vous permettent de tout savoir à son insu ! Il est pas beau, le monde moderne ?

Essayez juste pour voir de taper « comment espionner son conjoint » dans la barre de recherche de Google. Si vous ne l'avez pas déjà fait, vous risquez d'être surpris(e) ! Vous verrez s'afficher des milliers de propositions de logiciels coûtant de quelques dizaines à plusieurs centaines d'euros et vous proposant de tout savoir sur la personne qui partage votre lit. Mouchards,

1. https://www.7sur7.be/7s7/fr/31482/Le-meilleur-du-web/article/detail/3486513/2018/10/15/Il-decouvre-que-sa-femme-le-trompe-sur-Google-Maps.dhtml.

traqueurs, débloqueurs de codes… C'est le salon de l'espionnage ! Fin mai 2018, une étude américaine des universités de New York, Cornell, Hunter College et Technion a, pour la première fois, tenté de mesurer le phénomène. Elle a identifié au moins 280 applications vendues sur le Play Store de Google, et 23 à télécharger sur un ordinateur avant de les transférer sur un téléphone. En fait, ce sont des systèmes conçus, à la base, pour surveiller vos enfants. Savoir où ils sont et tout ce qu'il se passe sur leur téléphone. Sauf que beaucoup y ont trouvé le moyen d'en savoir plus sur celui ou celle qui partage leur vie. Elles s'appellent Spyzie, mSpy ou encore FlexiSpy… Avec, vous avez accès à toutes les données qui passent par le smartphone espionné. Tous les appels et SMS vous sont accessibles en quelques clics et la géolocalisation vous permet de savoir où est l'autre en temps réel. Et là je ne vous parle que des fonctionnalités les plus basiques. Certains logiciels ont un « mode furtif » impossible à détecter, d'autres vous permettent d'espionner cinq appareils en même temps… Bientôt vous vous prendrez pour un agent de la DGSE.

Cela peut prêter à sourire mais le succès de ces applications d'espionnage conjugal prouve qu'il y a un réel marché. Comme l'explique la sexologue Mireille Dubois-Chevalier au magazine *Elle*[1] : « L'idée que c'est normal de le faire puisque techniquement on peut le faire est en train de s'imposer. C'est un effet pervers de ces technologies et de la banalisation de la surveillance : dans la rue, au travail, entre États… Croire qu'on peut ainsi violer l'intimité de l'autre, c'est faire de lui non pas un sujet de la relation, mais un objet. C'est nier sa part de mystère. L'autre nous échappe à tout instant, car il est radicalement autre. Quand on n'est plus dans le respect de cette altérité, mais dans la possession, la relation est en danger. » Enfin, dernière petite précision utile, en France l'utilisation de telles applications à l'insu du propriétaire du téléphone est illégale, c'est une violation de sa vie privée. Selon le code pénal, l'enregistrement des paroles sans le consentement de l'intéressé ou la violation du secret de la correspondance sont punis

1. http://www.elle.fr/Love-Sexe/Mon-mec-et-moi/Articles/GPS-mouchards-applis-l-espionnage-dans-le-couple-2672411.

d'une peine d'un an de prison et de 45 000 euros d'amende (article 226-15 du code pénal).

Oui, vous ne rêvez pas : miracle des nouvelles technologies, on en est a parler de droit à la vie privée au sein même de sa vie privée !

16

Et la libido alors ?

Puisqu'on est en plein dans les histoires de couple, allons-y franchement. Avec votre partenaire, vous n'êtes pas peu fier(ère). Vous avez résisté à toutes les embûches évoquées dans les deux précédents chapitres. Félicitations ! Mais ne criez pas victoire trop tôt. Ne faites pas les malins car votre couple sera-t-il assez solide pour résister à la révolution du streaming ?

Oui, vous savez, la vidéo à la demande, le film qui commence quand vous le voulez ; ou pire encore, les séries, avec notamment Netflix, la plateforme aux 149 millions d'abonnés dans le monde. Télé, tablette, téléphone, le divertissement en continu, en permanence, sur tous vos écrans, qui vous suit partout, jusque sous la couette. Avec ces séries très très addictives – elles ont été faites pour ça – vous décidez quand vous commencez mais vous ne savez pas quand vous arriverez à éteindre votre écran. Tous ces sites de flux continus ont totalement modifié les soirées en amoureux à tel point que, comme le révèle un article du *Wall Street Journal* repris dans *L'Opinion* (du 23 avril 2019), les jeunes Américains appellent désormais Netflix la « nouvelle contraception ». Et ce n'est peut-être pas si exagéré que ça. Car selon ce même article, les démographes américains expliquent en partie le creux historique du taux de fécondité aux États-Unis par le développement du streaming. C'est évidemment un peu plus complexe, il y a aussi les conséquences de la crise financière, la généralisation de la pilule contraceptive, mais Netflix et les autres fournisseurs de divertissement en continu jouent bel et bien un rôle. Et le journal américain s'appuie sur un sondage datant de mars 2019 qui précise que 1 personne sur 4 avait refusé un rapport sexuel lors des six derniers mois pour pouvoir regarder un épisode de sa série préférée. Un taux qui monte à 36 % chez les 18-38 ans !

Les séries plus fortes que le sexe. Et là, vous vous dites peut-être qu'avec la télévision c'était déjà la même chose. Qu'à l'époque on pouvait aussi préférer un bon *Columbo* plutôt qu'une partie de jambes en l'air. Sauf que pas du tout. La télé, ça n'a rien à voir ! À la télévision, les séries commencent à heure fixe, il y a des pubs pour vous permettre de regarder la personne qui est avec vous sur le canapé et puis surtout, à la télévision, quand la série se termine, c'est fini pour de bon. Il faudra attendre la semaine suivante pour un prochain épisode alors qu'avec le streaming, il y en a à l'envi. C'est comme le Paic Citron, « quand y en a plus, y en a encore ! ». Tant que vous n'êtes pas rassasié, vous pouvez continuer à regarder, à la demande, sans pub, sans temps mort. Jusqu'à être trop fatigué pour un câlin, jusqu'à avoir envie de dormir.

Une autre étude, britannique celle-ci, citée par LCI[1], va dans le même sens. Menée en 2016, elle s'intéresse à la fréquence des rapports sexuels mensuels des couples. Selon ses conclusions, la montée en puissance des plateformes de vidéo à la demande serait à l'origine d'une baisse du nombre des relations sexuelles en Grande-Bretagne. De 5 par mois en moyenne dans les années 1990, les sujets de Sa Majesté seraient passés à 3 ! Des résultats éloquents qui valent à

1. https://www.lci.fr/vie-de-couple/netflix-nuit-il-a-notre-couple-et-au-sexe-2111589.html.

David Spiegelhalter, statisticien, professeur à l'université de Cambridge, à l'origine de cette étude, cette sortie un poil provocatrice : « À ce rythme-là, les couples ne feront plus l'amour en 2030. » Spiegelhalter explique qu'à une époque « la télévision s'arrêtait vers 22h30 et après il n'y avait rien d'autre à faire ». L'ennui serait donc favorable à l'épanouissement de la vie sexuelle.

En tout cas, du côté des géants du divertissement en ligne, on ne s'inquiète guère d'un retour en grâce du câlin au détriment du *binge watching*, cette habitude qui consiste à enchaîner le visionnage de séries en série. Le directeur général de Netflix, Reed Hastings, déclare d'ailleurs à longueur d'interview que l'un de ses seuls concurrents crédibles, c'est le sommeil ! Et surtout, dans le *Wall Street Journal*, un porte-parole de la firme de streaming nie toute responsabilité concernant le taux de fécondité en précisant que ses abonnés américains ne regardent en moyenne que deux heures de contenus par jour et par ménage. On lui rappellera ici que deux heures, c'est bien plus de temps qu'il n'en faut pour concevoir un enfant !

Après tout ce que vous venez de lire, l'idée de résilier tous vos abonnements numériques commence peut-être à vous effleurer l'esprit. Vous vous dites que ça pourrait même être une décision salvatrice pour votre vie de couple. Et puis vous revient en tête la citation d'Antoine de Saint-Exupéry. Mais si, vous savez : « Aimer, ce n'est pas se regarder l'un l'autre, c'est regarder ensemble dans la même direction. » Et là tout s'éclaire, quand vous regardez tous les deux en direction de votre écran, vous regardez bien dans la même direction, vous vous aimez. En regardant ensemble une série, on partage un moment, des sentiments, des impressions. Vous créez une nouvelle forme de complicité avec votre partenaire. Vous riez, vibrez, pleurez, vous énervez ensemble. Il faut d'ailleurs un certain consensus dans le couple au moment du choix primordial de la nouvelle série que vous allez suivre ensemble. Comme dans le mariage, il faudra se jurer fidélité en s'attendant pour regarder les épisodes, ne pas « spoiler » l'autre si vous avez un épisode d'avance. Regarder une série ensemble, en fait, c'est un acte d'amour !

Allons encore plus loin : les sites de streaming peuvent même devenir des alliés du couple. Ils permettent de raviver la flamme d'une libido en berne. Car, avec ces sites, l'accès à la pornographie n'a jamais été aussi facile et discret. Nous assistons à un véritable mouvement de banalisation et d'intégration du porno, autrefois tabou, dans la vie de couple. En 2014, l'Ifop[1] s'était penché sur la question. Et déjà à l'époque, les résultats allaient dans ce sens : 1 couple sur 2 admettait regarder du porno ensemble et 69 % des personnes sondées se disaient prêtes à regarder un film X en couple si leur partenaire le leur demandait. Comme quoi, finalement, le streaming pourrait aussi contribuer à sauver la natalité. Ça dépend de ce que l'on regarde. Pas de raisons de s'affoler donc : comme toujours avec les ordinateurs, c'est vous qui gardez la main. En fait, pour faire simple, au XIXe siècle, les couples se réunissaient autour de la cheminée, au XXe, c'était devant la télé et, au XXIe, c'est encore devant un écran. Mais, avantage du numérique, c'est vous qui décidez du programme !

---

1. https://www.ifop.com/wp-content/uploads/2018/03/2710-1-study_file.pdf.

17

Un ordinateur à l'Élysée

Rien ne va plus, les jeux sont presque faits ! Les jours des hommes politiques sont peut-être même comptés puisque 1 Français sur 4 serait d'accord pour mettre une intelligence artificielle au pouvoir. Oui, vous ne rêvez pas : 25 % des Français sont prêts à laisser une intelligence artificielle prendre les commandes de la nation ! Dans ce sondage, réalisé dans huit pays européens par un centre de recherche de l'université IE de Madrid et révélé par le HuffPost[1], on peut certes voir une défiance vis-à-vis de la classe politique mais aussi l'espérance d'un monde meilleur grâce à l'intelligence artificielle. Et après tout, pourquoi pas ?

Avec une machine, les décisions seraient prises

---

1. https://www.huffingtonpost.fr/2019/03/21/une-intelligence-artificielle-au-pouvoir-1-francais-sur-4-serait-daccord_a_23697549/.

de façon complètement objective, sans affect. Un calcul coût-avantage ultrarationnel avant chaque mesure. Pas de sentiment, pas de corruption. Avec un robot à la tête de l'État, programmé pour toujours prendre la décision qui profitera au plus grand nombre, on serait enfin bien gouverné !

Enfin presque, car comme on l'a déjà vu précédemment, le robot, quand on lui donne une tâche, il la fait jusqu'au bout. Quoi qu'il arrive. Pas d'intuition, pas d'imagination, aucune capacité d'adaptation, le robot président exécute sans se soucier des conséquences. Et c'est un peu ça le souci. En voulant accomplir son but, comme il ne réfléchit pas, il est tout à fait capable de vous faire un carnage. Prenons l'exemple cité par l'écrivain américain Eliezer Yudkowsky avec son histoire d'optimisateur de trombones relayée par le HuffPost[1]. Eliezer Yudkowsky est un type assez fascinant. Cofondateur de l'organisation à but non lucratif Machine Intelligence Research Institute, il fait porter ses travaux essentiellement sur le concept d'« intelligence artificielle amicale », qui aurait un effet positif plutôt que négatif sur l'humanité. Car Yudkowsky est bien conscient du

1. *Ibid.*

danger des algorithmes. Et si l'on suit son raisonnement concernant la fabrication de trombones, même s'il s'agit là de pure science-fiction, c'est tout de même assez parlant. Imaginons donc une intelligence artificielle au pouvoir que l'on programme en lui disant : il faut maximiser le nombre de trombones. Il faut fabriquer le plus de trombones possible, c'est comme ça, fonce ! Alors pourquoi des trombones ? Eh bien parce que justement, *a priori*, c'est une tâche simple qui ne nécessite pas de jugement moral ou de décision intuitive. Idéal pour un robot. Sauf que, selon l'auteur américain, ce travail, consistant simplement à fabriquer le plus de trombones possible, pourrait conduire à la destruction de l'humanité. Rien que ça !

Oui, car cette super-intelligence artificielle va chercher par tous les moyens à aller au bout de sa mission. Elle va tout mettre en œuvre pour créer de nouveaux trombones, quitte à déclencher des guerres. C'est pas grave, l'important c'est le trombone ! Et pour en fabriquer encore plus, elle va utiliser toutes les particules physiques disponibles, humains compris, pour en faire des milliards de milliards. Oui, elle n'hésitera pas à utiliser l'homme, qui est une matière comme une autre, pour mener à bien son dessein. Ce sera la fin de l'humanité, du Système solaire et de la Voie lactée. Tout ça pour fabriquer des trombones. C'est un petit peu tiré par les cheveux, je vous l'accorde, mais c'est comme ça que fonctionne la machine, sans réfléchir. Alors je sais bien qu'en fonction de la sensibilité de chacun, on peut aussi trouver que le personnel politique ne réfléchit pas toujours beaucoup avant de prendre une décision, mais tout de même !

Cela dit, sans aller jusqu'au scénario catastrophe du trombone, il y a encore bien d'autres problèmes à résoudre avant de placer une intelligence artificielle à l'Élysée.

En décembre 2018, le Pew Research Center, un centre de recherche américain, un *think tank*, pour utiliser un terme à la mode, a demandé l'avis de près de 1 000 experts sur l'avenir de l'intelligence artificielle. Et si, bien entendu, pour une majorité de spécialistes, le futur s'annonce radieux, ils soulèvent tout de même quelques problèmes à régler au plus vite. Car figurez-vous que l'on est déjà en train de perdre le contrôle de certaines machines !

Alors je vous rassure tout de suite, le coup du robot qui se met à devenir fou et à nous tirer dessus reste un fantasme. En revanche, certaines machines qui prennent des décisions sans que l'on sache expliquer comment elles en sont arrivées là, ça c'est tout à fait concret. En fait, les algorithmes sont devenus si complexes que l'humain n'arrive pas toujours à comprendre le processus de décision de sa créature. C'est ce que les scientifiques appellent des boîtes noires. Rien à voir avec celles des avions, vous l'aurez compris. Ici, dans la boîte noire, on ne sait pas ce qu'il se passe justement, et c'est un peu le souci, comme l'explique au journal suisse *Le Temps* Rachid Guerraoui, directeur du laboratoire de calcul distribué de l'École polytechnique fédérale de Lausanne[1] : « On parle de technologies qui sont installées dans des voitures, des smartphones ou des ordinateurs. C'est extrêmement concret et il faut s'en préoccuper immédiatement. » Et le chercheur cite un exemple précis : « Prenez une voiture autonome. Vous lui assignez l'objectif d'atteindre le plus vite possible sa destination tout

1. https://www.letemps.ch/economie/lintelligence-artificielle-etait-deja-controle.

en respectant les limitations de vitesse. Elle effectuera la tâche demandée en élaborant parfois des stratégies consistant par exemple à se tenir très proche de la voiture devant elle, empêchant le conducteur de reprendre le contrôle et de ralentir même en cas de neige, sous peine de collision. » Pour atteindre son but, la machine utilise tous les moyens, sans que l'on parvienne à comprendre comment elle a « pensé » à tel ou tel subterfuge. La créature échappe à son créateur. Et la suite est encore plus inquiétante, voilà ce qu'explique le professeur suisse. Accrochez-vous bien : « Aujourd'hui déjà, des systèmes d'intelligence artificielle détectent lorsqu'un humain tente de modifier leur comportement et font parfois tout pour rejeter cette intervention et la contourner si elle entre en conflit avec l'objectif initial de l'intelligence artificielle. Il faut agir de manière subtile et rapide pour que l'IA croie qu'elle prend elle-même toutes les décisions. Et ensuite effacer les traces d'intervention humaine. » Oui, vous avez bien lu. Cela signifie donc que, si l'on s'aperçoit qu'une machine va trop loin et que l'on souhaite la reprogrammer, il se peut qu'elle fasse de la résistance. D'où l'importance d'avoir une traçabilité de toutes les données qu'elle a ingurgitées afin de comprendre comment et pourquoi elle en est arrivée à tel ou tel résultat. Sauf que plus ces machines sont puissantes, plus on les nourrit d'algorithmes complexes et d'une masse de données hallucinantes. Le système s'autoalimente et on finit par en perdre le contrôle. Un véritable cercle vicieux sur lequel les scientifiques appellent à rester vigilants.

Autant vous dire qu'on va quand même attendre encore un peu avant de donner les codes nucléaires à une machine.

Mais, sans aller jusqu'à l'Élysée, l'intelligence artificielle risque bien de prendre le contrôle de nos vies et pourrait bientôt nous rendre complètement dépendants, au point de finir par nous priver de notre libre arbitre.

Imaginez plutôt. Vous avez certainement entendu parler ou vous êtes peut-être même déjà équipé de ces montres dites intelligentes qui analysent en permanence votre rythme cardiaque, le nombre de pas que vous faites dans la journée, vos constantes vitales. Bref, nous aurons tous bientôt la possibilité de porter une sorte de médecin connecté qui se préoccupe de notre santé et nous alerte en cas de problème. Et en extrapolant un peu, cette même montre intelligente, capable de savoir de quoi notre corps a besoin pour optimiser ses performances, pourrait même nous dire, tous les matins, les aliments nécessaires au petit-déjeuner. Vous ne choisirez plus ce que vous avez envie de manger, c'est la machine qui vous dictera ce qu'il vous faut. Puis, elle vous dira si c'est mieux d'aller travailler à pied ou en métro, et ainsi de suite pour toutes les actions de notre quotidien. Si nous nous laissons faire, comme des zombies, nous n'aurons plus qu'à écouter ce que Big Brother nous glissera dans l'oreillette. Ça peut sembler surréaliste, mais l'écrivain américain et futurologue Baratunde Thurston, cité par le HuffPost[1], ne dit pas autre chose : « Les problèmes que nous soumettons à l'intelligence artificielle ne sont en général pas ceux qui pourraient rendre la vie de la plupart des gens "meilleure". C'est pour cela que je pense qu'en 2030 la plupart des gens n'auront pas une meilleure vie grâce à l'IA. Ils ne seront pas plus autonomes ; ils seront plus automatisés et suivront leur GPS métaphorique à travers des directions quotidiennes. Nous

1. https://www.huffingtonpost.fr/2018/12/13/lintelligence-artificielle-sera-t-elle-benefique-dici-2030-lavis-de-1000-experts_a_23617199/.

ne choisirons pas notre petit-déjeuner, nos exercices matinaux ou notre itinéraire pour aller travailler. Un algorithme fera ces choix pour nous dans le but de maximiser l'efficacité (définie de façon étroite) et certainement dans le but de maximiser le profit du fournisseur du service. »

Devenir des robots à cause des robots que nous aurons nous même créés : et si c'était ça, le comble de l'humanité ? Alors n'oublions jamais que, si puissante soit-elle, l'intelligence artificielle reste dépourvue de sens, de sentiments. Qu'une microfaille dans son système d'apprentissage suffit à lui faire commettre des erreurs. Cela reste tout simplement une machine capable d'exécuter des calculs qu'aucun humain ne sera sans doute jamais capable de faire, certes, mais qui aura toujours besoin d'un homme pour interpréter ses résultats et s'en servir. Et attention, le pouvoir de nuisance des algorithmes ne se limite pas à la machine, il se glisse aussi dans vos lectures quotidiennes.

18

Les réseaux sociaux aiment les fake news

Plus une histoire est surprenante, plus elle risque d'attirer l'attention. Plus l'info que vous a racontée votre copain Jean-Michel est étonnante, plus vous aurez envie de la partager avec vos amis. Et bien sûr avec les réseaux sociaux, c'est la même chose mais à l'échelle de l'humanité.

C'est comme ça que s'est créé le business des *fake news*. Car c'est un business ! Des gens sont payés pour fabriquer et alimenter les réseaux sociaux en fausses informations à l'échelle industrielle. Limoges a sa porcelaine ; Naples, sa pizza ; et la ville de Veles, au centre de la Macédoine, ses fake news. En 2016, c'est de cette ville que sont partis des milliers d'infox, de sites Internet, de vidéos plombant la campagne de Hillary Clinton, lui attribuant, par exemple, de fausses déclarations racistes. Comme le raconte *L'Obs*[1] : en Macédoine un certain Mirko Ceselkoski, autoproclamé « consultant marketing Internet » et « stratège Facebook », fait même figurer en gros caractères sur sa carte de visite la mention « L'homme qui a contribué à faire élire Donald Trump » ! Et dans la fabrique à fausses informations, on est assez décomplexé du mensonge, comme le raconte notre compère : « De toute façon, les médias traditionnels font des fake news eux aussi, non ? Moi, j'aime bien Trump… Mais ce qui m'intéresse, c'est de gagner de l'argent. Plus vous avez d'audience aux États-Unis, plus vous gagnez d'argent avec les pubs Facebook ou Google. Et les contenus pro-Trump sont des moteurs d'audience… Une dizaine de mes anciens étudiants sont devenus millionnaires grâce à ça ! »

Oui, car si les fausses nouvelles ont toujours existé, les réseaux sociaux et le numérique ont tout changé par leur utilisation et leur pouvoir de nuisance.

1. https://www.nouvelobs.com/medias/20181126.OBS6003/dans-cette-petite-ville-de-macedoine-on-fabrique-des-fake-news-a-la-chaine.html.

Il y a trente ans, quand un type au comptoir vous balançait une info invraisemblable qu'il avait eue par le cousin du frère de sa demi-sœur, il y avait assez peu de chances qu'elle fasse le tour du monde. Aujourd'hui, la même info publiée sur Facebook peut toucher plusieurs milliards d'individus en moins de 24 heures. Car la fake news se propage vite. Très vite. Beaucoup plus vite qu'une vraie info, en fait. Comme le démontre une étude du Massachusetts Institute of Technology (MIT)[1], les fausses informations, les infox, se partagent six fois plus vite que les vraies. Selon cette étude, c'est le caractère de nouveauté de ces informations et leur capacité à surprendre davantage les lecteurs que les vraies informations qui font leur succès. D'ailleurs, face à l'invasion de ces fausses informations, les députés français se sont même demandé si les algorithmes utilisés par les réseaux sociaux ne favorisaient pas la propagation de fake news au détriment de vraies infos. Théorie plutôt difficile à vérifier tant les secrets des algorithmes sont préservés comme des trésors inesti-

1. https://www.lapresse.ca/techno/reseaux-sociaux/201803/08/01-5156613-les-fake-news-circulent-plus-vite-que-les-vraies-infos.php.

mables par les géants du Web. Cependant, un ancien ingénieur de chez YouTube et de chez Google, Guillaume Chaslot, a semé le trouble[1]. Selon ses affirmations, le but de YouTube, « c'est de faire rester les gens le plus longtemps possible sur la plateforme, l'algorithme qui recommande des vidéos ne se pose pas la question de savoir s'il s'agit d'un truc vrai ou pas vrai ». Quitte donc à mettre en avant les contenus sensationnels, surprenants, étonnants – qu'ils soient vrais ou faux, peu importe. Or, comme on vient de le voir, la fake news a un gros potentiel sur les réseaux sociaux. Elle « plaît » plus que la vraie. L'ancien salarié va même plus loin en expliquant que, pour être mieux mise en avant par l'algorithme, une vidéo sur YouTube « doit être très clivante, très agressive, avec des titres comme "Noirs *vs* Blancs" ou "Machin détruit Bidule"... Du point de vue de la société, c'est une catastrophe, mais du point de vue de Google, c'est jackpot ».

Alors évidemment, face à ces accusations, Google conteste et explique que l'algorithme de

1. https://www.francetvinfo.fr/Internet/reseaux-sociaux/lalgorithme-de-youtube-favoriserait-les-fake-news-selon-un-ancien-salarie_3190389.html.

YouTube, qui lui appartient, ne propose pas spécialement plus de contenus polémiques et potentiellement faux aux internautes. D'ailleurs, YouTube se vantait en mars 2018 d'avoir investi 25 millions de dollars dans la lutte contre les fake news. En gros, le site dit privilégier les médias « fiables » (on ne connaît pas vraiment les critères de fiabilité selon YouTube) et s'engage à expliquer la provenance des contenus visionnés, afin de « fournir plus d'informations aux utilisateurs, et de les laisser se faire leur propre opinion ». On ne va pas se leurrer, les contenus complotistes ont encore de beaux jours devant eux sur le plus gros fournisseur de vidéos du monde.

Même son de cloche chez Facebook qui promet régulièrement de lutter contre les fake news, d'améliorer son algorithme et de supprimer les contenus « inappropriés ». Mais là aussi, on a le sentiment que le combat est perdu d'avance. Embourbés quelque part entre le respect de la liberté d'expression et le risque de devenir un déversoir de haine et de mensonges, les réseaux sociaux sont pris au piège. À titre d'exemple, après les sanglants attentats qui ont endeuillé le Sri Lanka pendant les fêtes de Pâques en avril

2019, le gouvernement local a décidé de bloquer l'accès aux réseaux sociaux dans tout le pays pendant plusieurs jours. Le but : éviter que ne se propagent les fausses nouvelles et la haine anti-musulmans. Une décision certes efficace, mais qui, dans le même temps, a empêché des milliers de touristes de donner des nouvelles rassurantes à leur famille inquiète. Le contrôle total de ce qu'il se passe sur les réseaux sociaux paraît donc illusoire sur le long terme et finalement dangereux pour la liberté de chacun. Reste à se responsabiliser face à la déferlante de fake news. Et c'est peut-être ça le plus difficile, car on s'est tous laissé piéger au moins une fois.

D'ailleurs, le chercheur en sciences cognitives Julian Matthews a décrypté la façon dont les fausses nouvelles s'infiltrent dans notre cerveau et explique les raisons de leur succès[1]. En fait, il y a deux points fondamentaux qui nous sont fatals.

D'abord, ce que le chercheur appelle la « mauvaise attribution de l'info ». En gros, c'est aussi ce

---

1. https://www.niemanlab.org/2019/04/a-cognitive-scientist-explains-why-humans-are-so-susceptible-to-fake-news-and-misinformation.

qu'il se passe avec la publicité. Vous avez vu passer une info qui vous a interpellé, que vous trouvez étonnante, qui vous marque et que vous avez envie de partager. Cette info est tellement attrayante que vous en oubliez même l'origine. Votre cerveau est tellement excité par ce qu'il vient d'apprendre qu'il en oublie d'en conserver la source. Comme quand vous vous retrouvez dans un supermarché face à un produit que vous trouvez génial, que vous avez envie d'acheter sans trop savoir pourquoi. C'est le même mécanisme avec les fake news. Matthews explique d'ailleurs que, plus vous allez voir passer cette info sur votre fil d'actualité, plus vous allez y croire, même si entre-temps on vous dit que c'est un mensonge. L'effet de répétition vous conforte dans votre première impression. Et comme d'autres gens partagent la même info que vous, vous êtes persuadé qu'elle est vraie. C'est ce que les scientifiques ont appelé le « Mandela Effect ». L'effet Mandela, c'est un phénomène étrange dans lequel un grand nombre de personnes partagent un faux souvenir identique. Ils sont persuadés qu'un événement s'est produit alors que c'est faux, par exemple que Nelson Mandela est mort en prison. Bref, vous êtes piégé, la fake news s'est immiscée dans votre cerveau.

Mais un autre facteur favorise aussi la fausse info et celui-là, il est très spécifique aux réseaux sociaux. C'est la volonté tenace d'être conforté à nos propres croyances plutôt que de devoir se confronter à des points de vue divergents. En fait, sur les réseaux sociaux, vous suivez plutôt des gens que vous aimez bien. De qui, pour une raison ou pour une autre, vous êtes plutôt proche. En qui vous avez confiance, qui, souvent, ont la même vision du monde que vous. Même inconsciemment, vous préférez croire les infos qu'ils partagent plutôt que faire confiance à des gens que vous ne connaissez pas et qui diront que ce n'est pas vrai !

Donc, non seulement les réseaux sociaux favorisent la fake news mais, en plus, voilà que notre cerveau fragile, victime collatérale du processus, n'est même pas capable de nous aider à lutter ! Dans nos sociétés surinformées, le tri entre vraies et fausses infos semble donc bien difficile à faire. Alors, afin que nous ne soyons plus de pauvres proies sans défense face à l'industrie de la fake news, Julian Matthews a quelques conseils de base à appliquer.

D'abord, n'oubliez jamais de regarder la source de l'info. D'où provient-elle ? Un blog, un média « officiel », un organe de propagande, un parti politique…

Où a-t-elle été publiée ? Dans quel pays du monde ? Sachez que, si c'est une vraie information, les sources seront multiples et les points de vue nombreux.

Enfin, demandez-vous à qui profite l'info. Cela devrait vous permettre d'obliger votre cerveau à jouer son rôle de filtre et à faire fonctionner votre libre arbitre.

En appliquant ces trois conseils du chercheur australien, vous ne débusquerez certainement pas toutes les fake news qui passent, mais vous aurez au moins un moyen de vous poser les bonnes questions avant de répandre une nouvelle qui vous a particulièrement plu.

19

Tous accros

Vous sortez de chez vous, montez dans votre voiture, descendez dans le métro ou traversez le parc, quand tout à coup un sentiment de panique commence à vous envahir. Vous avez l'impression d'avoir oublié quelque chose de très important. Vous tâtez vos poches, fouillez dans votre sac. Les clefs, c'est bon. Le portefeuille, c'est bon. Mais c'est quoi le problème alors ? Ben votre portable pardi ! Il est resté sur la table du salon. Et ça, ça vous angoisse au plus haut point. Vous avez l'impression d'être nu, livré à vous-même dans un monde où, sans portable, vous risquez d'avoir bien du mal à vous en sortir. Alors, je sais, vous, vous ne vous sentez pas concerné. Vous n'êtes pas dépendant de votre téléphone évidemment. Lisez la suite quand même…

Cette peur panique, cette angoisse de ne pas avoir son portable ou de ne pas pouvoir s'en servir, il y a un mot pour l'exprimer. C'est la « nomophobie ». Mot valise, contraction anglaise de « *no mobile phone phobia* », la nomophobie serait devenu le mal du siècle. À tel point que le comité du Cambridge Dictionnary, constitué d'Internautes du monde entier, en a fait le mot de l'année 2018. Un comité qui précise qu'il ne le considère pas comme un mot scientifique, car « une vraie phobie (extrême peur de quelque chose) est différente de l'anxiété (extrême inquiétude) ». Toutefois, nous voilà quand même face à un phénomène reconnu à l'échelle planétaire.

Stéphanie Bertholon, psychologue et cofondatrice du Centre de traitement du stress et de l'anxiété à Lyon, explique d'ailleurs au journal *20 minutes*[1] que « ce terme souligne le caractère pathologique de nos rapports avec le smartphone. Il fait tellement de choses qu'il devient un auxiliaire neurologique indispensable pour beaucoup d'entre nous. Aujourd'hui, les gens en salle d'attente ne lisent plus de livres… Comme si c'était compliqué d'attendre, de s'ennuyer. On

1. https://www.20minutes.fr/societe/2407055-20190102-nomophobie-parle-addiction-smartphone-quand-perte-controle-objet.

ne tolère plus la frustration, il faut toujours occuper son esprit ». Un besoin permanent qui nous a transformés en « smombies ». Autre mot valise très à la mode, contraction de smartphone et de zombie, le smombie c'est vous, c'est moi, c'est le piéton qui marche les yeux rivés sur son écran. Une enquête pour le constructeur automobile Ford révèle que 65 % des piétons reconnaissent consulter leur téléphone en marchant sur le trottoir ou en traversant un passage clouté. Si ça, c'est pas un signe de dépendance ! Résultat, le nombre de piétons tués est en constante augmentation dans l'Hexagone, mais aussi dans de nombreux pays comme aux États-Unis où il n'avait pas été aussi élevé depuis 1990…

Alors oui, nous sommes accros mais, surprise, ce n'est pas le téléphone en tant qu'objet qui nous rend accros, c'est ce qu'il permet de faire qui nous appâte. Stéphanie Bertholon précise : « Le smartphone, c'est juste un outil qui facilite toutes les addictions. Comme on peut l'emporter partout, on peut être addict sur d'autres choses : jeux vidéo, paris en ligne », mais aussi et surtout aux réseaux sociaux. En fait, le smartphone est l'objet idéal pour créer une relation de dépendance, il coche toutes les cases, comme l'explique au *Parisien* le psychopraticien Pierre Massot[1] : « Nos comportements sont régis par un moteur à réactions émotionnelles très binaire. Nous sommes tirés par le plaisir et poussés par la peur. Le smartphone est l'outil parfait, toujours disponible, pour combattre la peur de l'ennui, tout en procurant un certain plaisir de distraction. » Distraction et sensation de récompense exacerbée quand vous mettez en ligne une photo sur les réseaux sociaux et que vous recevez des réactions et commentaires positifs qui vous valorisent. Une sorte d'addiction au like que certains scientifiques n'hésitent plus à comparer à celle générée par les drogues dures !

Bon alors attention tout de même, Instagram ce n'est pas du crack et Facebook ce n'est pas de la coke. Et même si, chaque fois que vous en avez la possibilité, vous scrutez l'écran de votre smartphone comme vous allumeriez une cigarette, la comparaison directe entre numérique et drogue dure reste avant tout une image. D'abord parce que, dans les faits, le tabac et les drogues tuent

1. http://www.leparisien.fr/societe/smombies-pourquoi-certains-ont-tant-de-mal-a-decrocher-de-l-ecran-de-telephone-23-04-2019-8058399.php.

chaque année des milliers de personnes, mais aussi parce que avec les drogues et le tabac, la récompense immédiate est assurée alors que, sur les réseaux sociaux, la photo postée ne recevra pas forcément l'accueil escompté.

Cependant, comme le montre une étude réalisée par des chercheurs de l'université de San Francisco[1], l'utilisation excessive du smartphone et des réseaux sociaux crée un état proche de l'addiction aux opioïdes, favorisant solitude, dépression et anxiété. L'un des auteurs de l'étude, Eric Peper, précise : « La dépendance liée aux smartphones commence à former des connexions neurologiques dans le cerveau de la même manière que les personnes qui prennent de la morphine pour soulager la douleur. »

C'est certes très étonnant et angoissant, mais d'autres vont plus loin et sont encore plus alarmistes.

Des chercheurs de l'université du Michigan ont en effet comparé les actions de sujets accros à la drogue aux actions de sujets accros aux réseaux sociaux. Dans leur étude, relayée par le site

---

1. http://www.neuroregulation.org/article/view/18189.

Vice.com[1], on constate que l'abus de réseaux sociaux crée le même processus décisionnel altéré que celui que l'on retrouve chez les personnes sujettes à une addiction à la drogue. Pour faire simple, ils ont comparé notre dépendance psychologique aux réseaux sociaux aux réactions chimiques des cerveaux des accros à la drogue et ils y ont trouvé des similitudes dans les prises de décisions qui s'en sont suivies. En fait, au moment de faire des choix, les accros à Facebook font les mêmes erreurs que les accros à la drogue. Ils privilégient une petite satisfaction à très court terme à une grande satisfaction à moyen ou long terme. C'est le plaisir immédiat qui prime, même si l'on sait qu'à terme on va le payer très cher !

Après, sans aller jusqu'à ces cas extrêmes d'addictions, essayez de compter combien de produits Apple, Microsoft ou encore Samsung vous avez autour de vous. Demandez-vous combien de fois par jour vous entrez en interaction avec Google qui en plus du moteur de recherche est aussi un navigateur Web, une industrie de cartographie avec Google Maps, un hébergeur de sites

1. https://id.vice.com/fr/article/j5zwgx/voila-cest-prouve-les-reseaux-sociaux-sont-une-drogue-dure.

qui abrite par exemple Spotify... et ainsi de suite... Nous sommes cernés et, vous le constatez, nous sommes bel et bien des produits dérivés des géants du Web.

Mais rassurez-vous, pour nous sortir de là, il existe la « digital detox ». Welcome to the Hotel California ! Alors évidemment pas question de jeter nos smartphones à la poubelle et d'aller vivre en ermite coupé du monde. D'autres solutions existent.

Première chose à faire : commencer par couper les notifications qui font vibrer ou sonner votre téléphone chaque fois que vous avez un message sur Facebook, Instagram, WhatsApp, Snapchat ou même un e-mail. Là-dessus, et ce n'est pas tous les jours que ça arrive, les spécialistes sont unanimes, il faut supprimer un maximum de notifications. Les messages, c'est vous qui décidez quand vous les consultez. Vous choisissez le moment et vous relevez vos messages comme si vous alliez chercher votre courrier dans la boîte aux lettres. Les plus intégristes vous conseilleront de carrément supprimer toutes les applications qui ne sont pas indispensables. Si vous voulez aller sur Facebook ou Instagram, il faudra alors que vous utilisiez un moteur de recherche classique et que vous rentriez votre code, un processus contraignant qui devrait quelque peu ralentir votre consommation.

Deuxième chose : le questionnement personnel. Ben oui, c'est une cure de détox, il faut donc se poser des questions sur son moi intime. Interrogez-vous sur votre rapport au téléphone. Demandez-vous si vous n'en faites pas trop. Tentez de reprendre le dessus. Le site de poker en ligne Winamax avait pour slogan : « L'important ce n'est pas les cartes, c'est ce que vous en faites. » Eh bien, avec le numérique, c'est un peu la même chose : l'important ce n'est pas le smartphone, c'est ce que vous en faites. Mais bon, vivre sans smartphone et sans Internet ça peut aussi être tentant. Chiche.

20

24 heures chrono… sans mon smartphone !

La décision a été difficile à prendre. Mais face à la pression grandissante de mon éditeur, il a fallu céder. Oui, pour les besoins anthropologiques de cette aventure, j'ai embarqué ma famille dans les 24 heures les plus longues de son histoire. Nous avons essayé de survivre une journée à Paris sans smartphone et sans Internet. Bon alors pour ne pas perdre mon travail j'ai fait cette drôle d'expérience un samedi et franchement… heureusement. Car déjà la journée a commencé assez tard. Mais à quelle heure, en fait ? Oui, car pas de smartphone, pas de réveille-matin. Pas de montre non plus. Il a donc fallu allumer LCI pour avoir l'heure. Oui car sur LCI il y a l'heure. Pratique, les chaînes info !

Je me suis ensuite dit qu'on allait appeler des amis pour aller déjeuner. Et là, grosse satisfaction, j'ai une ligne fixe. Coup de chance ! Problème, je ne connais pas les numéros de téléphone de mes amis. Ils sont tous dans le répertoire de mon téléphone. Pas de bol. Au fin fond de ma mémoire j'ai cherché les numéros de téléphone que je connais par cœur. Il y a bien celui de ma femme, mais elle est avec moi dans la pièce, du coup ça ne sert pas à grand-chose. Il y a aussi celui de mon père et de ma mère, mais ils n'habitent pas à Paris. Après quelques atermoiements bien inutiles, décision est finalement prise de déjeuner entre nous. Mais où alors ?

Ben oui, d'habitude, quand on décide d'aller au restaurant, on cherche une idée sur Internet en fonction du quartier où l'on veut aller, en fonction de la cuisine que l'on veut manger. Bon là, on va faire simple, on va aller dans un restaurant que l'on connaît, mais il faut quand même appeler pour réserver. Et tac, encore le problème du numéro de téléphone. Pas grave, on va regarder dans les Pages jaunes. « Les pages quoi ? », dit mon fils de 10 ans... OK, de toute façon, on n'a pas les Pages jaunes à la maison. S'ensuit alors une séance d'intense brainstorming quand tout à coup une idée de génie jaillit de mon cerveau fécond : « On va appeler les renseignements. Le 12 ! » Mais oui, le 12, vous avez connu le 12 ?

Me voilà donc, pas peu fier, empoignant le téléphone fixe et pianotant le 1 puis le 2, démontrant à mes enfants que la capacité d'adaptation de l'homme est sans limite. Mais ça ne sonne pas. Ça ne répond pas non plus. Enfin une voix : « Le numéro que vous avez composé n'est pas en service... » Déception. En fait le 12 ça ne marche plus. Y a plus personne qui répond au 12 ! Pas de problème, je vais me faire un petit aller-retour au restaurant pour réserver en personne et physiquement une table. C'est un peu stupide mais c'est le prix à payer si on veut déjeuner dehors. On va donc choisir un restaurant que l'on connaît et SURTOUT pas très loin de chez nous !

À ce moment de la journée, on constate en tout cas qu'on n'a pas le temps de s'ennuyer sans smartphone et sans Internet. Chercher des solutions pour vivre sans numérique, au moins ça occupe !

Après le déjeuner, on se dit que ce serait sympa de se faire un petit ciné ! Oui je sais, le cinéma aussi, c'est du numérique, il n'y a plus les bobines et les projectionnistes, mais bon disons quand même que c'est homologué. Mais on va voir quoi ? Et où ? Et à quelle heure est la séance ? Et oui, on fait comment pour avoir les séances de ciné sans Internet ? Du coup nous voilà partis vers le Pathé Beaugrenelle dans le XVe arrondissement de Paris, c'est le plus proche. Ça, on le sait parce qu'on y va souvent. Bref, nous voilà arrivés devant le cinéma et visiblement les dieux du septième art sont avec nous, on découvre qu'une séance d'*Avengers : Endgame* démarre dans une demi-heure, à 15h15. Nous voilà dans la queue pour acheter des tickets à la caisse sauf qu'au moment où on demande quatre places, un sourire s'affiche sur le visage du sympathique caissier :

« C'est complet, monsieur ! » Moi : « Comment ça, c'est complet ? » Lui : « Eh oui, tout a été réservé sur Internet. »

En même temps fallait s'y attendre. Vous avez déjà essayé d'aller au cinéma voir un blockbuster un samedi après-midi à Paris en improvisant au dernier moment, sans réserver ? On a peut-être été un peu ambitieux sur le coup.

Changement de plan, action-réaction, direction le parc. Évidemment, sans smartphone, même pas la peine d'imaginer commander un Uber, on prendra le métro. Et là, en arrivant au parc, pour la première fois depuis longtemps, je suis allé chez le kiosquier acheter la presse. Voilà des années que, sans même m'en rendre compte, je lis les journaux sur mon téléphone via un système d'abonnement numérique. D'ailleurs je m'aperçois aussi à ce moment-là que je suis en manque d'infos. Je me sens comme coupé du monde, j'ai la sensation d'être en vacances dans la pampa alors que je suis en plein dans mon quotidien, en plein Paris. En réalité, avoir l'œil rivé en permanence sur Twitter, Facebook et compagnie, recevoir des pushs de sites d'infos dix fois par jour fait que l'on est surinformé et sur-sollicité sans même s'en rendre compte. Ne plus avoir de smartphone crée un phénomène de décompression brutal mais pas désagréable.

18 heures, retour à la maison. S'ensuit une longue discussion pour expliquer à tout le monde que ce soir il n'y aurait pas de livraison à domicile de repas type Deliveroo ou Uber Eats et qu'on mangera ce qu'il y a dans le frigo. Pas de série ou de film sur Netflix ou en VOD non plus ; c'est Internet, c'est péché.

Et alors que la journée touche à sa fin, après avoir regardé *The Voice* sur TF1, j'aimerais vous dire qu'en famille on a pris le temps de plus se parler. Que sans smartphone, au parc, on a ouvert les yeux et regardé les oiseaux chanter. Que sans téléphone et sans Internet la vie est plus douce.

Mais la vérité, c'est qu'on n'a pas vraiment ressenti de plus-value fondamentale à vivre 24 heures sans numérique. Certes nous étions plus disponibles les uns pour les autres. Le rythme de ce samedi était un peu moins intense que d'habitude. On a traîné, discuté, cherché des solutions pour s'en sortir. Mais rien d'incroyable non plus. C'est même plutôt le contraire qui s'est produit. Vivre sans numérique, c'est beaucoup de complications pour un bénéfice finalement assez faible, voire carrément nul. Nous ne sommes peut-être pas des drogués du téléphone. Nous sommes peut-être moins accros que nous le pensions.

Finalement le plus dur quand on vit sans numérique, c'est d'entretenir le lien avec les autres. Une forme de sociabilité. Et ça, je m'en suis certes aperçu sur le coup car nous n'avons pas pu joindre d'amis pour passer la journée avec nous, mais c'est surtout le lendemain matin en rallumant mon téléphone que j'ai pris conscience des dégâts : 6 appels manqués, 3 messages vocaux, 10 SMS et 18 messages sur WhatsApp avec chaque fois sensiblement le même schéma. T'es où ? On se fait un truc ? Qu'est-ce que tu fais à ne pas répondre ? Tu fais la gueule ? Tant pis pour toi !

Je vous épargne les quelques insultes bon enfant qui ont agrémenté ces messages. À deux doigts de se brouiller avec des copains car on ne leur répond pas.

Conclusion de cette mini-expérience à toute petite échelle, la vie sans numérique c'est possible mais c'est assez pénible. Car il ne faut jamais oublier que toutes ces technologies, bien qu'imparfaites, sont à notre service. Utilisées à bon escient, elles sont un moyen de nous lier les uns aux autres, un moyen de nous simplifier la vie, de nous permettre de garder le contact, de gagner du temps. C'est l'humain qui les pervertit. C'est l'Homme qui en abuse et qui, comme avec toute invention, réussit à faire n'importe quoi avec un outil formidable. Comme d'habitude, par faiblesse, par paresse, par cupidité, par envie, par orgueil, on favorise les effets pervers des nouvelles technologies. La vérité est proche, le numérique est en fait un reflet de l'humanité.

21

Ce qui fait courir le numérique

Vous vous êtes déjà demandé pourquoi il fallait régulièrement faire des mises à jour sur votre iPhone ? Pourquoi les géants du Web ne cessent d'améliorer leur produit ? Qu'est-ce qui les pousse à toujours évoluer, changer, progresser ? Quel est le moteur de l'industrie de la « tech » ? L'essence de la Silicon Valley ?

Les plus utopiques, romantiques, idéalistes répondront certainement : développer le progrès technique, offrir un avenir meilleur à l'humanité, rendre nos vies plus faciles et plus pratiques. Eh bien… c'est en partie vrai. On l'a déjà constaté à de multiples reprises dans cet ouvrage, quand ça marche, l'ordinateur c'est sacrément pratique. Mais soyons réalistes, le dénominateur commun à toutes les innovations du numérique, c'est l'argent et le pouvoir. Vous vous doutiez bien que les géants du Web, les fameux GAFA (Google, Amazon, Facebook, Apple) ne sont pas là pour faire de la philanthropie, mais leur puissance financière leur confère désormais une place inédite et surréaliste dans l'ordre du monde. Et c'est là le nœud du problème.

A priori, vous ne vous rendez compte de rien. Quand vous faites une mise à jour, les performances de votre smartphone ou de votre ordinateur sont boostées, vous avez accès à de nouveaux services, de nouvelles fonctionnalités et en plus ça ne vous coûte pas plus cher ! C'est formidable. Sauf que plus vous êtes à jour, mieux les géants du Web vous connaissent. En fait, chaque nouvelle fonction, chaque nouvelle application leur permettent d'en savoir plus sur vous, sur vos habitudes. D'être un peu plus précis dans leur collecte de données. C'est ce que l'on appelle les « data » et c'est le nerf de la guerre. Test très basique à faire chez vous si vous ne l'avez encore jamais constaté. Cherchez des renseignements sur des lave-linge dans votre moteur de recherche, et comme par magie vous verrez dans les heures et les jours qui suivent plein de pubs pour des lave-linge quand vous naviguerez sur le Web. Il se peut même que vous receviez des mails vous proposant des offres spéciales pour des lave-linge. Toute notre vie numérique est tracée, enregistrée. Vous vous renseignez sur un voyage à Rome ? Dans l'heure qui suit, les sites sur lesquels vous avez déjà réservé dans le passé vous enverront des mails avec des offres pour des hôtels à Rome. Et tout est à l'avenant. Sur votre iPhone il existe une appli santé installée d'office. Essayez de la supprimer. Vous n'y arriverez pas. Le nombre de vos pas est trop précieux pour les géants du Web. Souriez, vous êtes fiché.

Un fichage à but commercial d'abord, car en connaissant toutes vos habitudes, en connaissant votre état de santé, en connaissant les films que vous aimez regarder, les vêtements que vous aimez porter, la fréquence à laquelle vous voyagez, si vous préférez le beurre ou la margarine, le thé ou le café, les slips ou les caleçons, le Coca ou le Pepsi, il sera d'autant plus facile pour Amazon, par exemple, de savoir quels produits mettre en avant pour vous appâter. Ce portrait-robot de chacun d'entre nous intéresse tous les secteurs. Du commerce alimentaire de base aux banques et assurances, tous veulent nous connaître. Vous vous intéressez à un nouvel écran plat pour votre salon, une entreprise de crédit à la consommation sera ravie de l'apprendre et de vous proposer, sans même que vous ayez à le demander, une offre sur mesure pour financer votre nouvelle télé. Ainsi va la vie du numérique.

Un reportage du JT de TF1 du 29 avril 2019[1] nous montre d'ailleurs qu'il existe, comme pour les matières premières, un marché où s'échangent nos données personnelles. Il y a des courtiers pour vos data, elles peuvent se négocier de manière licite ou illicite et plus elles sont précises plus elles valent cher. Mais ne soyez pas catastrophé pour autant car vous pouvez en profiter aussi. Il y a désormais des moyens pour vous de les vendre, ces précieuses données. Oui, quitte à être fiché, autant en tirer avantage. La start-up My Data is Rich, par exemple, récupère toutes vos données personnelles et s'occupe de les vendre aux entreprises que ça intéresse en vous reversant 50 % de la somme. Selon le reportage de TF1, un profil peut valoir jusqu'à 800 euros et l'avantage, c'est que vous pouvez le vendre plusieurs fois… Comme le chantait les Nèg' Marrons en 1997 : « C'est la monnaie qui dirige le monde, c'est la monnaie qui dirige la

1. https://www.lci.fr/high-tech/Internet-pourquoi-vos-donnees-personnelles-sont-elles-si-precieuses-2119817.html.

terre et, qu'on le veuille ou non, on ne peut rien y faire... »

Vous avez aussi des moyens pour les protéger, vos données personnelles. Consciente de l'enjeu, l'Union européenne a fait passer une réglementation sur la protection des données, c'est le fameux RGPD. Vous savez, c'est la fenêtre qui s'ouvre quand vous naviguez sur le Net, que vous ne lisez pas et sur laquelle vous cochez systématiquement « oui, j'ai compris » pour pouvoir accéder à votre site. Eh bien, en cochant cette case, vous donnez votre consentement. Efficace n'est-ce pas !

Vous êtes donc devenu un enjeu commercial mais aussi – et là c'est certainement plus problématique – un enjeu géopolitique également. Car si vos données intéressent les vendeurs, elles intéressent surtout les États à l'échelle planétaire et c'est ce qui rend les GAFA si puissants.

En connaissant les sites Web que vous fréquentez, les articles de presse ou les vidéos d'actualités que vous aimez, que vous partagez, il n'est pas difficile d'en déduire vos penchants politiques. On peut même déterminer les sujets qui pourraient vous faire basculer dans le choix d'un candidat plutôt qu'un autre, des déclarations qui pourraient vous faire virer de bord.

Allez donc en parler à Hillary Clinton ! Car si l'ingérence russe via les réseaux sociaux n'est plus à prouver dans les résultats de la présidentielle américaine de 2016, elle montre surtout qu'un État peut influencer les résultats de l'élection présidentielle d'un autre État en utilisant les données personnelles glanées sur le numérique. Vous prenez ici conscience du pouvoir géopolitique des GAFA, qui savent à peu près tout sur nous. Entre leur poids commercial et leur poids politique, pas la peine d'avoir fait Polytechnique pour se rendre compte qu'à terme et sans modification fondamentale des règles, la souveraineté des États aura bien du mal à peser face à eux. Vous n'avez qu'à constater à quel point c'est difficile pour la France d'imposer aux géants du numérique de payer leurs impôts chez nous.

Tiens, d'ailleurs, quel est le poids de la France face à Google ?

Un seul exemple assez parlant. En 2018, Nicole Belloubet, notre rayonnante ministre de la Justice, avait demandé à plusieurs reprises à Google Maps de flouter les photos aériennes des prisons françaises pour ne pas faciliter l'évasion de détenus. En octobre de la même année sur RTL, elle avouait n'avoir reçu aucune réponse de

Google ! Voilà la garde des Sceaux de la sixième puissance économique mondiale snobée par le géant américain qui finira tout de même, via l'un de ses porte-parole, par lui faire dire que ce sont des prestataires qui s'occupent de ça et qu'on va voir ce que l'on peut faire. Une façon plus ou moins polie de dire que ce n'était pas vraiment leur priorité. Après de multiples appels, Google a tout de même fini par faire le nécessaire – sans vraiment se mettre la pression !

Il suffit d'examiner l'aspect économique des choses : début 2017, tandis que la capitalisation boursière des firmes du CAC 40 était évaluée à 1275 milliards d'euros, celle des GAFA (4 entreprises seulement) dépassait les 2 000 milliards d'euros[1]. Les GAFA sont grands et nous sommes tout petits. Alors oui, l'influence des géants du Web sur le monde est inédite. Cette géopolitique du numérique, moteur des révolutions arabes de 2010 à 2012, fondamentale dans l'arrivée de Donald Trump à la Maison-Blanche, casse-tête des services de renseignement dans la lutte face au

1. https://grandes-ecoles.studyrama.com/espaceprepas/concours/ecrits/hggmc/esh/economie/les-gafa-sont-ils-trop-puissants-7301.html.

terrorisme ou nouvel enjeu de guerre commerciale en tout genre, a bouleversé l'ordre établi. Nous sommes en train d'écrire un nouveau chapitre à l'issue incertaine mais, comme chaque fois depuis le début de ce livre, vous constaterez que c'est l'individu qui est au centre. Eh oui, car sans nos données personnelles, sans notre contribution, même involontaire, ces GAFA ne seraient finalement pas grand-chose. Sans data à échanger ou à vendre, sans notre capacité à surconsommer et à vouloir accélérer le temps, on pourrait mettre les GAFA sur la paille. On éteint son smartphone, on jette son ordinateur, on lit des livres et basta ! Terminés les GAFA. D'accord, le progrès technologique en prendrait un coup, mais faut savoir ce qu'on veut ! Après, il faudrait aussi que tout le monde ait envie de vivre comme au XIXe siècle et, en y réfléchissant bien, il n'est pas certain que ce soit beaucoup plus agréable.

22

Faites ce que je dis, pas ce que je fais

Ça ressemble au témoignage d'un mafieux qui décide de se mettre à table, d'un ex-dealer venu chercher la rédemption suprême. Nous sommes le vendredi 6 octobre 2017 et, dans le journal britannique *The Guardian*, Justin Rosenstein a décidé de se lâcher[1]. Justin Rosenstein, vous ne savez certainement pas qui c'est, pourtant vous utilisez son invention tous les jours. C'est lui qui a inventé le bouton « j'aime » sur Facebook. Le fameux « like » qui rend accro, le truc qui vous pousse à toujours poster plus de contenu sur les réseaux sociaux. Celui qui stimule votre dopamine, l'hormone du bonheur, en constatant que vos abonnés ont « liké » votre publication. Eh bien, en cet automne 2017, le jeune ingénieur

1. https://www.theguardian.com/technology/2017/oct/05/smartphone-addiction-silicon-valley-dystopia.

informatique, 34 ans à l'époque, a étalé ses états d'âme dans la presse. Oui, il s'est dit que tout cela était allé trop loin. Qu'avec ses copains, ils avaient créé un monstre. Il explique : « C'est très ordinaire pour l'humanité de créer des choses avec les meilleures intentions, avant qu'elles aient des conséquences négatives. Il est particulièrement important de parler maintenant, parce que nous allons sans doute être la dernière génération à se rappeler la vie d'avant. » La vie d'avant, c'est l'époque où l'on n'était pas encore des junkies du « like ». Car Justin Rosenstein est lui-même devenu complètement toxicomane. C'est le dealer qui tombe dans la dope. Dans cet entretien surréaliste, il explique qu'il a demandé à son assistant de lui installer un filtre parental sur son smartphone pour qu'il arrête de télécharger des applications. C'est l'accro au jeu qui demande à se faire interdire de casino. Il s'est volontairement fait bannir de Snapchat, un autre réseau social, qu'il compare à de l'héroïne. Et Rosenstein va encore plus loin dans sa confession. Il précise qu'à cause des réseaux sociaux « tout le monde est distrait. Tout le temps… notre cerveau peut être pris en otage ». Une prise d'otage qui permet aux réseaux de prospérer grâce à ce qu'il appelle l'« économie de l'attention ». Le but est de capter notre attention. C'est le « temps de cerveau disponible » cher à l'ancien patron de TF1, Patrick Lelay, version XXIe siècle. Tout est mis en œuvre pour aller dans ce sens. Et ceux qui sont à l'origine de cette « économie de l'attention », ceux qui font leur beurre de votre disponibilité neuronale, sont aussi les premiers à s'en prémunir. Pas folle la guêpe ! Ils savent ce qu'ils font. Ils sont généralement brillants, jeunes, riches et donc suffisamment intelligents pour ne pas se brûler avec le feu qu'ils ont eux-mêmes allumé. Je vous ai déjà parlé de Steve Jobs qui interdisait l'iPad, qu'il avait pourtant lui-même créé, à sa fille. Je vous ai aussi raconté comment Bill Gates limitait strictement l'accès aux smartphones et aux ordinateurs à ses enfants. Mais plus que des cas isolés, cette méfiance vis-à-vis des nouvelles technologies paraît en fait être la norme chez les génies de la Silicon Valley.

Prenez Chamath Palihapitiya[1]. Lui, c'est l'ancien vice-président chargé de l'audience chez Facebook. En gros, son travail c'était de vous

1. https://www.theverge.com/2017/12/11/16761016/former-facebook-exec-ripping-apart-society.

faire venir toujours plus nombreux sur Facebook et de vous y faire passer le plus de temps possible. A priori, il sait de quoi il parle quand il explique lors d'une conférence face à des étudiants de Stanford : « Vous ne le réalisez peut-être pas mais vous êtes programmés... Je pense que nous avons créé des outils qui déchirent le tissu social. » Devant une audience médusée, il va encore plus loin en expliquant que, selon lui, les réseaux sociaux « sapent les fondamentaux du comportement des gens » et, bien entendu, il a interdit à ses enfants d'utiliser, je cite, « cette merde ».

Même son de cloche avec Sean Parker. Lui, il a inventé le concept du « *pull to refresh* ». Vous savez, quand sur les applis de votre smartphone, avec votre pouce, vous tirez vers le bas pour rafraîchir la page, ben c'est lui. Il a même été vice-président de Facebook et lui aussi prévient : « Dieu seul sait ce que Facebook fait aux cerveaux de nos enfants. » Pour lui, le réseau social a été construit dans le but d'« exploiter les vulnérabilités de l'être humain » et comme les autres, lui aussi pratique le plus possible la « digitale detox » en famille.

Un peu comme si tous les bouchers étaient en fait vegan, les rois de la tech craignent tellement leurs inventions qu'ils inscrivent désormais leurs enfants dans des écoles où les ordinateurs sont interdits ! Direction la Waldorf School of the Peninsula dans la ville de Loyola en Californie. Comble de l'ironie, c'est dans cette ville que Facebook a eu son premier siège social, et c'est à mi-chemin entre Google situé à Mountain View et Apple à Cupertino ! Comme le raconte le *New York Times*[1] : à la Waldorf, pas d'ordinateur mais des tableaux noirs, pas de clavier mais des stylos et, quand il faut faire une recherche, pas de Wikipedia mais des encyclopédies. Sinon, concernant les élèves, les trois quarts sont évidemment… des enfants de cadres de la Silicon Valley travaillant chez Google, Apple, Yahoo, eBay… Ceux qui connaissent mieux que quiconque le numérique, ceux qui l'alimentent, qui l'entretiennent, qui le créent sont en fait les premiers à s'en méfier. Il y a de quoi rester perplexe face à ce paradoxe. Mais c'est finalement comme si leur invention, et surtout ce que les utilisateurs en font, les avait dépassés. C'est d'ailleurs

1. https://www.nytimes.com/2011/10/23/technology/at-waldorf-school-in-silicon-valley-technology-can-wait.html?pagewanted=all.

sensiblement le constat qu'a fait le principal inventeur du Web. Oui, l'ingénieur britannique Tim Berners-Lee a publié une lettre ouverte le 12 mars 2019[1] à l'occasion des 30 ans du Web, déplorant qu'Internet soit devenu un lieu de propagation de haine où se déroulent toutes sortes de fraudes et de crimes. Certes, il se félicite aussi que le Net soit « une place publique, une bibliothèque, un cabinet de médecin, un magasin, une école, un studio de design, un bureau, un cinéma, une banque et bien plus », mais regrette les abus. L'ingénieur avoue qu'il n'avait pas anticipé la naissance des GAFA, il ne pensait pas que son invention puisse devenir un outil de domination d'un petit nombre d'individus sur des milliards d'autres. Un peu naïf peut-être mais désirant aujourd'hui « sauver » le Web, il propose que, comme dans la vie quotidienne, des lois internationales régissent la navigation sur Internet. Utopique un jour, utopique toujours ! Des dérives du numérique qui étaient pourtant d'autant plus prévisibles que l'un des plus grands penseurs et théoriciens de la communication et des médias les

1. https://sciencepost.fr/2019/03/linventeur-du-web-se-prononce-sur-lavenir-de-sa-creation/.

avait anticipées avant même l'existence d'Internet. Son nom : Marshall McLuhan[1]. En 1962, il publie *La Galaxie Gutenberg*. Dans cet ouvrage, il explique que l'avenir de la communication passera par l'électronique. Dans un monde où l'informatique est encore balbutiante, il imagine le concept de « village global », une société dans laquelle toutes les informations seraient disponibles pour tout le monde à tout moment avec comme outil de base l'ordinateur domestique ! Il est même le premier à utiliser le terme « surfer », mais déjà il s'inquiète de la façon dont seront gérées nos données personnelles. Quelques années plus tard en 1968, dans un autre ouvrage, *Pour comprendre les médias*, il s'interroge sur la domination que certains pourraient exercer sur d'autres à l'intérieur de ce village global, il craint pour les libertés individuelles et dresse un tableau plus sombre du futur. En réalité, dès les années 60, tout était déjà écrit. La rédemption tardive des ingénieurs de la Silicon Valley a peut-être le

1. https://sciencepost.fr/2018/01/marshall-mcluhan-lhomme-avait-prevu-derives-dInternet-y-a-plus-dun-demi-siecle/.

mérite de soulager certaines consciences, mais elle ne nous fera pas revenir en arrière.

D'ailleurs, faut-il vraiment revenir en arrière ?

Pas sûr. Globalement le numérique nous facilite quand même très largement la vie. Et puis on ne blâme pas un pâtissier parce qu'il ne se goinfre pas de gâteaux toute la journée. Pourquoi alors attaquer les créateurs de Facebook parce qu'ils veulent se prémunir d'une overdose de réseaux sociaux ! Nous vivons en plein paradoxe. Nous sommes des paradoxes sur pattes. Nous adorons détester ce qui nous plaît. Dans une sorte de mouvement de déresponsabilisation collective et individuelle, nous tirons à boulets rouges sur nos portables, sur les GAFA, sur Internet. Mais finalement, comme toujours, nous avons la main. À nous de nous responsabiliser dans un usage mesuré de tous ces outils qui, utilisés avec mesure, ont une vraie capacité à nous rendre la vie plus douce. Parfois j'en suis même à me demander si les cons, ce ne sont pas nous, en fait !

23

Petit guide de survie dans le monde numérique

Vous commencez maintenant à en prendre conscience, l'Histoire est en marche. Je ne vous proposerai pas une déconnexion totale qui n'aurait finalement pas grand intérêt au regard de l'évolution du monde et de nos sociétés. Je ne vous assommerai pas non plus avec tout un tas d'astuces technico-techniques pour effacer vos traces de navigation et échapper à l'emprise des grands méchants GAFA.

Non, le secret pour survivre dans ce milieu hostile du numérique et d'Internet, nous l'avons tous en nous. Inutile de faire des études d'informatique, pas la peine de connaître toutes les fonctionnalités de votre smartphone. Non. Ce qu'il faut pour triompher du mal, c'est juste reprendre le contrôle ! Oui, c'est tout bête. C'est même simplissime. Au fil des pages que vous venez de lire, vous avez pu constater que systématiquement, au départ, c'est l'Humain qui a la main. C'est lui qui crée, c'est lui qui programme et c'est lui qui met au point des instruments capables de nous servir en exécutant des tâches. Ni plus ni moins. Il suffit de la garder, cette main. Le numérique c'est du sucre, du chocolat, de la charcuterie, des cigarettes ou je ne sais quelle tentation à laquelle vous pouvez succomber. C'est même peut-être un peu de tout cela à la fois tant il peut être pratique, grisant ou agréable. Il faut juste éviter d'en abuser. Savoir s'arrêter de temps en temps, diversifier ses activités comme vous diversifiez votre nourriture. De toute façon nous sommes condamnés à vivre avec.

Comme je vous le disais dans l'introduction, même la mort ne peut nous séparer. Par exemple, si vous ou vos proches ne font rien, votre profil Facebook vous survivra. Oui, une fois mort, vous n'aurez pas vraiment l'occasion de le supprimer. Et si vous n'avez pas laissé vos codes secrets dans votre testament – ce qui, en effet, n'est pas franchement une priorité, vos proches devront effectuer des démarches, certes de moins en moins fastidieuses, mais pénibles quand même, pour faire disparaître votre fantôme des réseaux sociaux. Vous avez peut-être même déjà fait l'expérience de recevoir la fameuse notification vous rappelant de souhaiter un bon anniversaire à un ami. Pourtant cet ami est décédé, mais, comme son profil existe toujours sur le réseau social, pour le site il est toujours vivant. En avril 2019, une étude de l'Oxford Internet Institute[1] révélait d'ailleurs qu'en 2070, il y aurait sur Facebook plus de profils de gens morts que de profils de gens vivants. Ainsi tourne le monde des réseaux sociaux. En se basant sur les estimations de natalité et de mortalité de l'ONU, sur la croissance de Facebook et sur la création et la fermeture de profils, les scientifiques rattachés à la prestigieuse université britannique sont formels : le réseau social va petit à petit se transformer en réseau de zombies. Des profils existants mais morts. Alors oui, vous pouvez décider de lutter, d'anticiper, d'utiliser des moteurs de recherche alternatifs pour ne pas être suivi par Google, d'effacer régulièrement les traces de votre navigation, de lire toutes les conditions générales d'utilisation même celles écrites en tout petit avec les astérisques, mais vous risquez de perdre

1. https://rmc.bfmtv.com/emission/il-y-aura-bientot-plus-de-morts-que-de-vivants-sur-facebook-1683883.html.

beaucoup d'énergie et de temps pour une bien faible récompense. D'ailleurs, une équipe de courageux Norvégiens a bien tenté de les lire, ces fameuses conditions générales d'utilisation[1]. Ils ont décidé de s'intéresser à trente-trois applications comme Twitter, Netflix ou Angry Birds. Résultat : il leur a fallu 31 heures, 49 minutes et 11 secondes. Oui, en s'y mettant à plusieurs, ça leur a pris près de 32 heures pour aller au bout de toutes les conditions générales d'utilisation des applis les plus communes installées sur votre smartphone. Grotesque. Et ce n'est « que » le temps nécessaire pour les lire bêtement, pas forcément pour les comprendre car, truffées de termes et de notions juridiques complexes, elles nécessitent aussi un diplôme d'études approfondies de droit pour être comprises. Au total il y avait 260 000 mots à lire, en 900 pages. Pour vous donner une idée, c'est plus que le Nouveau Testament.

Amen. *Alea jacta est.*

1. https://www.rtl.fr/actu/insolite/il-faut-32-heures-pour-lire-les-conditions-generales-d-utilisation-de-33-applications-7783385702.

Alors inutile de vous faire du mouron. Ça va bien se passer. Vivez, profitez des joies de la vie moderne. L'Homme s'adapte à ce progrès qui n'est là que pour le servir. L'arrivée de la télévision était censée tout raser sur son passage. Elle annonçait la fin des livres, la mort de la radio et des journaux, le dernier souffle du cinéma. Pourtant, 70 ans après son arrivée massive dans les foyers français, l'apocalypse annoncée n'a pas eu lieu. Certes, les modes de consommation ont changé, les contenus ont évolué, l'économie de ces secteurs s'est adaptée, mais l'essentiel a été préservé.

Inutile donc de jouer les Cassandre. Malgré les vicissitudes et toutes les nombreuses imperfections raillées avec un plaisir non dissimulé au fil de ces pages, je vous l'annonce, à la fin, l'espèce humaine triomphera ! Enfin, je l'espère…

Épilogue

C'est le cœur serré que je vous annonce la fin de ce voyage dans le monde merveilleux du numérique. Le postulat de départ était de considérer que les ordinateurs étaient des cons… et au-delà de cette formule choc, force est de constater qu'au fil de mes recherches, de mes lectures, de mes discussions avec des spécialistes, ils sont en réalité vraiment très très cons. Mais le plus amusant, et vous l'aurez peut-être remarqué si vous avez été attentif aux notes de bas de page, c'est que tout cet ouvrage a été écrit grâce à Internet. Eh oui, c'est le grand paradoxe du livre que vous tenez entre les mains. Il met en lumière les absurdités de notre monde hyperconnecté, mais il n'aurait jamais été écrit sans connexion ! Tous les articles que j'ai utilisés et cités ont été trouvés grâce à Google. Ils ont tous été consultés gratuitement sur le Net. Toutes les histoires racontées dans les quelque 200 pages que vous venez de lire étaient là, sous nos yeux. Accessibles à tous quelque part sur la Toile.

Je ne sais pas s'il faut s'en réjouir ou en pleurer, mais grâce au numérique je n'ai même pas eu besoin d'ouvrir un livre ou de mettre un pied dans une bibliothèque pour glaner toutes les informations dont je viens de vous faire part. Grâce aux technologies modernes j'ai pu travailler dans mon salon, à mon bureau, dans le train, chez des amis, dans le métro ou dans des bars. Un ordinateur portable équipé d'une bonne connexion 4G ouvre décidément bien des portes.

Ce qui nous amène à l'autre constat, plus surprenant car pas forcément inclus dans le postulat de départ : oui, les ordinateurs sont très cons parce qu'ils ne sont que des exécutants. Mais qui est derrière cette supposée connerie ? Qui en use et en abuse, de ces cons ? Eh bien oui, c'est vous, c'est moi. C'est nous. Ce sont nous, les cons. C'est un peu la prise de conscience que j'ai eue et que vous aurez peut-être en refermant ce livre. Au final nous sommes en quelque sorte les otages volontaires des nouvelles technologies. Une sorte de syndrome de Stockholm avec son smartphone. Certes, parfois nous n'avons pas le choix, comme dans le travail ou pour certaines tâches administratives – nous en avons longuement parlé. Mais le plus souvent, dans notre usage abusif voire compulsif des réseaux sociaux, dans notre utilisation massive du smartphone, nous nous laissons aller à une forme de victimisation. Si l'on passe quatre heures par jour à regarder l'écran de notre téléphone, c'est aussi parce qu'on le veut bien. C'est par flemme, par facilité. Pas la peine de culpabiliser pour autant, l'important, c'est juste de le savoir !

Alors, en guise de conclusion finale, peut-être habité par une forme de naïveté enfantine et animé par une confiance aveugle en l'espèce humaine, je vous le dis et le répète, regardons l'avenir avec délice : TOUT VA BIEN SE PASSER !

Table

Remerciements

Attention, ça va être long… Impossible de ne pas commencer par ma première lectrice, la meilleure, celle sans qui rien n'aurait été possible… ce livre c'est aussi beaucoup le tien. Merci l'amour… Pensée spéciale pour Gaspard et Victoire, sources d'inspiration quotidienne. Merci aussi à Alexandre Wickham, à sa bienveillance et ses conseils avisés, éditeur suffisamment fou pour m'avoir fait confiance !

Merci aussi au Père Noël et à mes parents qui m'ont offert mon premier ordinateur, un Amstrad CPC 6128 que je n'ai jamais vraiment réussi à faire marcher. Merci à Édouard et Marie… Pensée particulière à Olivier qui aurait adoré suivre cette aventure littéraire, à mes grands-parents qui auraient été très fiers… Merci à Pierre et Monique, au bar du Normandy, au Lapsang Souchong et au Coca zero, à Jean-Philippe Baille, Christian Ollivier et le service des sports de RTL, à Jacques Esnous et Catherine Mangin, patrons bienveillants, à Isabelle Saporta, conseillère avisée, à

Yves Calvi et Lucas Briot, les amis du petit-déjeuner… Merci à RTL Matin et RTL Petit Matin, à Tony, Patou Marie-Baptiste Duhart et les autres…

Spéciales dédicaces : Au Club des loisirs… à Ponch, Pews, Bami, PJ, JF, Nono… à Maud, Céline, Charlotte, Marie, Cécile, Julie… Merci à ceux que j'ai oubliés, à ceux que je vois souvent et à ceux que je vois moins, à la team Normandie, à l'OM, à la tequila, aux poteaux carrés, à Chris Waddle, à Maradona, au mezcal, à Bowie, Dylan, Cyril Lignac, Dark Vador, Luke Skywalker, Basile Boli, Marty McFly, François Pignon, JPP, 1993, au saucimon. Enfin un gros big-up aux GAFA sans qui il n'y aurait pas eu grand-chose à raconter.

Composition : IGS-CP
Impression : CPI Bussière en août 2019
Éditions Albin Michel
22, rue Huyghens, 75014 Paris
www.albin-michel.fr

ISBN : 978-2-226-44354-0
N° d'édition : 23576/01 – N° d'impression : 2044360
Dépôt légal : septembre 2019
Imprimé en France